निबन्ध सरोज

सम्पादक

विद्यावती राजपूत

वाणी प्रकाशन

वाणी प्रकाशन

4695, 21-ए, दरियागंज, नयी दिल्ली 110 002

फ़ोन : +91 11 23273167 फ़ैक्स : +91 11 23275710

शाखाएँ

अशोक राजपथ, पटना 800 004, बिहार

कॉफ़ी हाउस कैम्पस, महात्मा गांधी मार्ग, इलाहाबाद 211 001, उत्तर प्रदेश

महात्मा गांधी अन्तरराष्ट्रीय हिन्दी विश्वविद्यालय, वर्धा 442 001, महाराष्ट्र

www.vaniprakashan.in
marketing@vaniprakashan.in
sales@vaniprakashan.in

NIBANDH SAROJ
Edited by Vidyawati Rajpoot

ISBN : 978-93-88684-26-2

प्रथम सं

मूल्य

₹65

सिटी प्रेस, दिल्ली-110 095 में मुद्रित

वाणी प्रकाशन का लोगो मक़बूल फ़िदा हुसेन की कूची से

भूमिका

निबन्ध का स्वरूप एवं तत्त्व, परिभाषाएँ, प्रकार एवं विशेषताएँ

निबन्ध शब्द का अर्थ और व्युत्पत्ति : साहित्य की दृष्टि से निबन्ध एक अत्यन्त आधुनिक विधा है। संस्कृत शब्द-कोश में निबन्ध का अर्थ बाँधना दिया हुआ है। 'हिन्दी शब्द सागर' शब्दकोश के अनुसार निबन्ध वह व्याख्या है जिसमें अनेक विचारों का संग्रह हो। निबन्ध संस्कृत भाषा का शब्द है। निबन्ध शब्द की व्युत्पत्ति 'नि' उपसर्ग-पूर्व, 'बन्ध' धातु या शब्दांश से मानी जाती है। 'नि' का अर्थ होता है विशेष प्रकार से, भलीभाँति या उचित ढंग से। 'बन्ध' का अर्थ है–बाँधना। इस प्रकार व्युत्पत्ति की दृष्टि से निबन्ध शब्द का अर्थ हुआ–विचारों को विशेष ढंग से, विशेष दृष्टियों से भलीभाँति बाँधकर प्रस्तुत करना। निबन्ध शब्द की व्युत्पत्ति तीन प्रकार से मानी गयी हैं। एक नि+बंध+धञ। इस व्युत्पत्ति के अनुसार निबन्ध का अर्थ हुआ, निश्चितार्थेन विषयं अधिकृत बन्धनं। अर्थात् किसी विषय को निश्चित अर्थ में बाँधना या संग्रह करना। दूसरी व्युत्पत्ति के अनुसार नि+बंध+अच्। निबन्ध का अर्थ है नीम का वृक्ष तथा उसके द्वारा कुष्ठ या कोष्ठ रोग को रोकना। तीसरी व्युत्पत्ति के अनुसार नि+बंध+ल्युट। अर्थात् ऐसी रचना जिसमें विचार बाँधा अथवा गूँथा जाता है। निबध्यते अस्मिन इति, अधिकरणे निबंधनम। अर्थात् वह अधिकरण जिसमें कोई विचार आदि को निबद्ध किया जाता है। 'शब्द कल्पद्रुम' रचयिता कवि सेनापति ने निबन्ध शब्द की व्याख्या इस प्रकार दी है–निबध्नातीति निबन्धः। अर्थात् जो बाँधता है, वही निबन्ध हैं। इस प्रकार निबन्ध शब्द का अर्थ हुआ–कसा हुआ, गठा हुआ, बँधा हुआ।

निबन्ध का पर्याय अंग्रेजी शब्द Essay (एसे) है। Essay (एसे) शब्द की उत्पत्ति फ्रांसीसी शब्द एसेइस (Essais) के अनुकरण पर हुई, जिसका अर्थ प्रयास या परीक्षण है। निबन्ध शब्द का सर्वप्रथम प्रयोग फ्रांसीसी लेखक मिकेल मान्तेन ने किया है। अंग्रेजी में निबन्ध के लिए (Essay) शब्द का प्रयोग किया जाता है।

अंग्रेजी विद्वानों द्वारा दी गयी निबन्ध की परिभाषाएँ :

अंग्रेजी में निबन्ध के जनक माइकल द मान्तेन ने निबन्ध की परिभाषा इस प्रकार दी है– "Essay is a medley of reflection, quotation and anecdotes."

अर्थात् निबन्ध चिन्तन, उद्धरण और कथावृत्तान्त का मिश्रण है।

अंग्रेजी का पहला निबन्धकार मान्तेन लिखते हैं कि निबन्ध में निबन्धकार के व्यक्तित्व की अभिव्यक्ति होनी चाहिए। सबसे पहले निबन्ध शब्द का प्रयोग उन्होंने किया है। उन्होंने कहा कि "अपने निबन्धों में मैं स्वयं अपने को चित्रित करता हूँ। और अपनी पुस्तकों का मैं खुद ही विषय हूँ। उनके अनुसार निबन्ध विचारों का वह संक्षिप्त विवेचन है, जिसमें बुद्धि तत्त्व की प्रधानता होती है।"

अनेक अंग्रेजी निबन्धकारों और पाश्चात्य आलोचकों ने निबन्ध को परिभाषित किया है। इन प्रमुख विद्वानों में डॉ. जॉनसन, अलेक्जेंडर स्मिथ, हालवर्ड और हिल आदि विद्वानों के नाम विशेष उल्लेखनीय हैं। यहाँ कुछ अंग्रेजी विद्वानों एवं आलोचकों के द्वारा दी गयी निबन्ध की परिभाषाओं का निर्देश कर देना अनुचित नहीं होगा।

डॉ. जॉनसन ने निबन्ध की परिभाषा इस प्रकार दी हैं–

"A loose sally of mind an irregular indigested piece, not a regular and orderly peformance of literature."अर्थात् निबन्ध स्वच्छन्द मन की वह तरंग है, जिसमें नैरन्तर्य एवं सुसंगठन न होकर प्रधानतया विशृंखलता ही रहा करती। यानि कि निबन्ध मन की उच्छृंखल स्थिति की साहित्यिक अभिव्यक्ति है।"

Alaxajender Smith ने अपने On the writing of essay नामक एक लेख में निबन्ध की परिभाषा एवं स्वरूप का विवेचन इस प्रकार किया हैं।

"The essay as a literary form resembles the lyric in so far as it is moulded by some and central mood, whimsical, serious or satirical. Give the mood and the essay from the first sentence to the last grows around it as the cocoon grows around the silk worm."

अर्थात् निबन्ध साहित्यिक विधा के रूप में गीत के अधिक समीप है। गीत के सदृश ही इसका मूल भाव किसी की मौज से प्रेरित होता हैं। मन की मौज पैदा हुई कि निबन्ध लिखा गया। मन की मौज के चारों ओर निबन्ध इसी प्रकार विकसित हो जाता है, जिस प्रकार रेशम के कीड़े के चारों ओर कोकून पैदा होता है।

Hallward और Hill नामक विद्वानों ने Essay के रूप को इस प्रकार स्पष्ट करने चेष्टा की है–

"The essay proper or literary essay is not merely short analysis of a subject, nor a mere epitone, but rather a picture of wandering minds effected for the moment by the subject with which he is dealing. Its most distinctive feature is the egoistical elements." अर्थात् "साहित्यिक निबन्ध किसी विषय का केवल संक्षिप्तीकरण नहीं होता। बल्कि उसे हम लेखक के मस्तिष्क में उद्‌भूत वस्तु विशेष के प्रति उत्पन्न प्रति-क्रियात्मक चित्र की अभिव्यक्ति कह सकते हैं।"

Carble–के मतानुसार निबन्ध की परिभाषा इस प्रकार की है–

"The essay is a most popular mode of writing. It suites the writer, who has neither talents, nor inclination to persue his enquiries further and generally the readers who are amused with variety and superficiality."

हिन्दी विद्वानों द्वारा दी गयी निबन्ध की परिभाषाएँ :

हिन्दी के कतिपय विद्वानों और आलोचकों ने भी निबन्ध को परिभाषा में बाँधने का प्रयास किया है। आचार्य शुक्लजी ने बेकन के समान निबन्ध को गम्भीर विचार-प्रकाशन ही माना है। उन्होंने उन्हीं के अनुकरण पर निबन्ध को अधिकतर लेखक के व्यक्तित्व का प्रतिबिम्ब ही व्यंजित करने का प्रयास किया है। उन्होंने इस सम्बन्ध में लिखा है–"आधुनिक लक्षणों के अनुसार निबन्ध उसी को कहना चाहिए, जिसमें व्यक्तित्व अर्थात् व्यक्तिगत विशेषताएँ हों। बात तो ठीक है, यदि ठीक तरह से समझी जाय। व्यक्तिगत विशेषता का यह मतलब नहीं, कि उसके दर्शन के लिए विचारों की शृंखला रखी ही न जाय, या जान-बूझकर जगह-जगह से तोड़ दी जाय।"

डॉ. गुलाबराय ने अपनी निबन्ध की परिभाषा में निबन्ध के प्रायः सभी लक्षणों और तत्त्वों का समावेश कर दिया है। उनकी परिभाषा बड़ी सन्तुलित और पूर्ण है। गुलाबराय ने लिखा है कि "निबन्ध उस गद्य रचना को कहते हैं, जिसमें एक सीमित आकार के भीतर किसी विषय का वर्णन या प्रतिपादन एक विशेष निजीपन, स्वच्छन्दता, सौष्ठव और सजीवता साथ ही आवश्यक संगति और सुसंबद्धता के साथ किया गया हो।"

डॉ. लक्ष्मी सागर वार्ष्णेय ने अपने ग्रन्थ 'हिन्दी साहित्य का इतिहास' में निबन्ध को अंग्रेजी ऐसे शब्द पर आधारित माना है, जिस पर निबन्धकार की

वैयक्तिकता की पूर्ण छाप हो। वे लिखते हैं–निबन्ध से तात्पर्य सच्चे साहित्यिक निबन्धों से है, जिसमें लेखक अपने आपको प्रकट करता है, विषय को नहीं। विषय तो केवल बहाना होता है।''

विजयशंकर मल्ल एक उदीयमान लेखक है उन्होंने भी निबन्ध के स्वरूप पर प्रकाश डालने की चेष्टा की है। वे लिखते हैं–निबन्धकार समाज का भाष्यकार और आलोचक भी होता है।''

जयनाथ नलिन ने निबन्ध की यह परिभाषा निश्चित की है। –''निबन्ध स्वाधीन चिन्तन और निश्छल अनुभूतियों का सरस, सजीव और मर्यादित गद्यात्मक प्रकाशन हैं।''

डॉ. गोविन्द त्रिगुणायत ने निबन्ध की परिभाषा स्पष्ट करने का प्रयास किया है। ''निबन्ध वह एक छोटा-सा गद्य विधान है, जिसमें निबन्धकार जीवन या जगत से सम्बन्धित किसी भी वस्तु या व्यक्ति के प्रति उद्भूत अपनी मानसिक और बौद्धिक प्रतिक्रिया की इस प्रकार निर्बाद्ध अभिव्यक्ति करता है, कि वह अधिक से अधिक रोचक, संवेदनशील और चमत्कारपूर्ण हो।''

इस प्रकार निबन्ध की पाश्चात्य एवं भारतीय विद्वानों और आलोचकों के द्वारा दी गयी निबन्ध की परिभाषाओं के द्वारा यह सिद्ध होता है, कि निबन्ध की ये सारी परिभाषाएँ परस्पर विरोधी हैं। इनमें से कोई परिभाषा सर्वमान्य नहीं है। क्योंकि निबन्ध का अत्यन्त विस्तृत स्वरूप और वैविध्य देखने पर ऐसी किसी परिभाषा को स्वीकार करना असम्भव ही है। फिर भी कहा जा सकता है, कि निबन्ध एक सुव्यवस्थित और संयत गद्य रचना है। जिसके लिए विषय की न कोई निश्चित परिधि होती है, और न कोई शैली की ही बँधी-बँधायी लीक होती है। इसमें निबन्धकार एक साथ दार्शनिक, इतिहासवेत्ता, राजनीतिज्ञ और साहित्यकार की सम्मिलित प्रतिभा से युक्त दृष्टि जीवन और जगत पर डालता हैं। लेखक इसमें आत्म प्रकाशन को उजागर करके पाठक से सच्ची आत्मीयता स्थापित करने का प्रयास करता है।

निबन्ध के प्रमुख तत्त्व

तत्त्व किसी विधा के मूल उपकरण होते हैं, जिससे उस विधा का निर्माण होता है। तथा जिसकी अनुपस्थिति में उस विधा का अस्तित्त्व ही असम्भव हो जाता है। तत्त्व ही विधा-विशेष की निर्मिति करते हैं। यदि निबन्ध के तत्त्वों की चर्चा करे तो कह सकते हैं, कि निबन्ध के वे तत्त्व हैं जिनके बिना निबन्ध लिखना ही असम्भव है। क्योंकि उन तत्त्वों से ही निबन्ध का सृजन होता है। ये वे तत्त्व ही

निबन्ध के समूचे कलेवर में समाहित रहते हैं। और उन्हीं से निबन्ध का ढाँचा शैली के माध्यम से निर्मित होता है।

निबन्ध ही क्या साहित्य की प्रत्येक विधा के कोई न कोई तत्त्व होते हैं, जिनसे उस विधा का सर्जन सम्भव होता है। मोटे तौर पर इन तत्त्वों को अनुभूति और अभिव्यक्ति में समाहित किया जा सकता हैं। जो हमने अनुभूत किया है, उसे ही किसी न किसी माध्यम से हम अभिव्यक्त करते हैं। इस प्रकार साहित्य के निर्धारित तत्त्व हैं—अनुभूति, विचार, कल्पना और शैली। अतः अनुभूति, विचार, कल्पना और शैली से ही निबन्ध की निर्मिति भी होती है। इन तत्त्वों के अभाव में निबन्ध की सर्जना हवाई किले बनाने के समान है। यह तत्त्व निबन्ध में किसी न किसी रूप में किसी न किसी मात्रा में अवश्य विद्यमान रहते हैं। क्योंकि निबन्ध साहित्य की ही एक विधा है। व्यक्ति-सापेक्षता, स्वच्छन्दता, वैचारिकता, संक्षिप्तता, गद्यात्मकता, आत्मपरकता, रोचकता या सरसता, भावों का पुट और औपचारिकता का अभाव आदि निबन्ध के प्रमुख तत्त्वों हैं।

संक्षिप्तता : निबन्ध का प्रमुख तत्त्व संक्षिप्तता मानी गयी है। क्योंकि निबन्ध बहुत ही छोटा होता है। विषय एवं आकार की दृष्टि से लाघवता निबन्ध का गुण होता है। निबन्ध में न तो अपने विषय का गम्भीर विवेचन ही होता है और न ही अनेक विषयों का प्रतिपादन। निबन्धकार की मानसिक प्रतिक्रियाओं की अभिव्यक्ति से ही विषय पूर्ण होता है। विषय छोटा होते हुए भी भाव, विचार तथा अनुभव की दृष्टि से पूर्ण प्रतीत होता है। इसलिए निबन्ध को 'गद्य का मुक्तक काव्य' की संज्ञा से भी अभिहित किया गया है। आकार की दृष्टि से भी निबन्ध की सीमा होती है। कम से कम शब्दों में अधिक से अधिक या अपनी सम्पूर्ण बात कह देने में भी एक कौशल होता है। इसलिए आकार विषय विवेचन की दृष्टि से निबन्ध मर्यादित होना चाहिए। इसलिए कहा जाता है कि निबन्ध का कलेवर संक्षिप्त होना वांछनीय है। लोग प्रायः छोटे-छोटे निबन्ध लिखा करते थे। इसलिए संक्षिप्तता को भी निबन्ध का एक आवश्यक तत्त्व मान लिया है। वैसे अब भी निबन्ध सामान्यतः तीन-चार पृष्ठों तक ही सीमित रहते हैं, पर कुछ लेखक इन पृष्ठों की सीमा को लाँघकर आसानी से आगे बढ़ जाते हैं। बालकृष्ण भट्ट, बालमुकुन्द गुप्त, आचार्य शुक्लजी आदि के कुछ निबन्ध सात-आठ पृष्ठों के भी हैं। सरदार पूर्णसिंह, बाबू श्यामसुन्दर दास, पण्डित शान्तिप्रिय द्विवेदी, आचार्य हजारीप्रसाद द्विवेदी, विद्यानिवास मिश्र आदि अनेक निबन्धकारों के निबन्ध भी आकार-प्रकार में बड़े हैं। शायद संक्षिप्तता निबन्ध की कसौटी इसलिए मानी गयी होगी कि कहीं वह अपने

मूल विषय से छिटककर बिखर न जाये, या फिर विस्तृत होकर प्रबन्ध की काया में समा न जाये।

स्वच्छन्दता : स्वच्छन्दता निबन्ध का एक प्रमुख तत्त्व है। क्योंकि निबन्ध साहित्य की सर्वाधिक स्वच्छन्द रचना प्रकार है। उसकी तुलना केवल वाक् (स्पीकिंग वाइस) से की जा सकती है। अर्थात् मनुष्य जो कुछ सार्थक शब्दोच्चारण करता है,. उसी के समान निबन्ध हैं। मनुष्य किसी विषय को लेकर जितना स्वतन्त्र, स्वाभाविक तथा बेलाग होता है, निबन्ध भी किसी विषय को लेकर उतना ही स्वतन्त्र, स्वाभाविक और बेलाग हो सकता है। विषय का तो उसके लिए कोई बन्धन है ही नहीं। आसमान के सितारों से लेकर जमीन के जर्रे तक और अमीबा से आदमी तक, सबकी वह चर्चा कर सकता है। डॉ. जॉनसन के 'a loose sally of the mind' में इसी स्वच्छन्दता की ओर संकेत है। निबन्धकार की इसी स्वच्छन्दता का अधिकार भी सर्व-स्वीकृत है। परन्तु स्वच्छन्द होने का अर्थ उच्छृंखल होना नहीं है। वह स्वच्छन्द होकर भी संयम की सीमाओं में बँधा हुआ है। निबन्धों का प्राण उसकी वैयक्तिकता है। निबन्ध में स्वच्छन्दता इसी वैयक्तिकता के कारण आ जाती है। परन्तु व्यक्तिगत विशेषता का यह मतलब नहीं कि उसके प्रदर्शन के लिए विचार शृंखला रखी ही न जाये या जानबूझकर जगह-जगह से तोड़ दी जाये। भावों की विचित्रता दिखाने के लिए ऐसी अर्थ-योजना की जाये जो उसकी अनुभूति की प्रकृति या लोक-सामान्य स्वरूप से सम्बन्ध ही न रखे। इस प्रकार स्वच्छन्दता भी निबन्ध के अनिवार्य तत्त्वों में से एक है।

गद्यात्मकता : गद्यात्मकता निबन्ध का दूसरा प्रमुख तत्त्व है। क्योंकि निबन्ध मुख्यतः गद्य रचना है। सामान्यतः निबन्ध एक छोटी-सी गद्य रचना के रूप में होता है। अपवाद में वह पद्यात्मक भी जैसे–'हे कविते!' निबन्ध भी लिखा गया है। फिर भी अंग्रेजी और हिन्दी में निबन्ध निश्चित गद्य विधा है।

आत्मपरकता : आत्मपरकता भी निबन्ध का एक सर्वाधिक महत्वपूर्ण तत्त्व है। उसमें निबन्धकार का व्यक्तित्त्व या निजीपन झलकता है। निबन्ध के विषय का प्रतिपादन निबन्धकार के व्यक्तित्त्व के माध्यम से ही होता है। विषय को गम्भीरता से प्रस्तुत करने की अपेक्षा निबन्धकार उसे अपने दृष्टिकोण से प्रस्तुत करता है। निबन्धकार का यही दृष्टिकोण उसका व्यक्तित्त्व या मौलिकता कहलाता है। निबन्ध में निबन्धकार की ही रुचि की प्रधानता होती है। निबन्ध साहित्य की ऐसी स्वतन्त्र विधा है, जिसमें निबन्धकार का व्यक्तित्त्व ही प्रमुख तत्त्व है। निबन्धकार व पाठक में सीधा सम्बन्ध होता हैं। निबन्धकार को किसी दुराव या छिपाव से बात करने की आवश्यकता नहीं होती। क्योंकि उसे अपने पात्रों के

माध्यम से नहीं बोलना पड़ता। निबन्ध तो वास्तव में उसी को कहना चाहिए, जहाँ पाठक को यह प्रतीत हो कि निबन्धकार उससे बातें कर रहा है। निबन्धकार अपने व्यक्तिगत भाव, विचार, मनन-चिन्तन व ज्ञान को निबन्ध में अपनी वैयक्तिक विशेषता के साथ प्रकट करता है। उसके रचना विधान में आत्मीयता होती है। निबन्ध का विषय एक प्रकार से निबन्धकार की भावात्मक व मानसिक प्रतिक्रिया के माध्यम से ही प्रकट होता है। निबन्धकार की जीवन दृष्टि ही निबन्ध को आत्मा होती है। निबन्धकार निबन्ध में अपना मत प्रकट करता है।

रोचकता या सरसता : रोचकता या सरसता भी निबन्ध का एक अनिवार्य तत्त्व है। निबन्ध अत्यन्त रोचक प्रकार की रचना है। रोचकता निबन्ध की सफलता और लोकप्रियता का प्राण है। रंजकता इसलिए ही निबन्ध का अंग बन गया है। निबन्ध में लेखक की प्रतिभा का समावेश होने के कारण सजीवता आ जाती है। निबन्ध माने शैली के उत्कर्ष के लिए ध्वनि, हास्य और व्यंग्य लाक्षणिकता का प्रयोग किया जाता है। निबन्ध में साधारण गद्य की अपेक्षा अधिक रोचकता होती है। यही रोचकता साधारण से विषय को भी असाधारण बना देती है।

भावों का पुट : निबन्ध के तत्त्वों में भावों के पुट का भी समावेश किया जाता है। अच्छे निबन्ध में भावों का योग बराबर देखा जाता है। क्योंकि निबन्धकार इस क्षेत्र में अपनी पूरी सत्ता ज्ञानात्मक और भावात्मक के साथ चलता है। हिन्दी के प्रसिद्ध निबन्धकार रामचन्द्र शुक्ल जी के कई विचार प्रधान निबन्धों में गहन विचार वीथियों के बीच सरस भाव स्रोतों का विधान मिलता हैं। उनके 'लोभ और प्रीति', 'श्रद्धा और भक्ति', 'करुणा' जैसे निबन्धों में जगह-जगह उनकी तन्मयता देखने योग्य है।

औपचारिकता का अभाव : निबन्ध में औपचारिकता का अभाव रहता है। क्योंकि निबन्ध के माध्यम से पाठक और लेखक का सीधा सम्बन्ध स्थापित हो जाता है। वास्तव में निबन्ध एक खुला पत्र है, जो किसी व्यक्ति विशेष को तो सम्बोधित करके नहीं लिखा गया होता। पर जो भी सहृदय पाठक उसे पढ़ता है, वही समझता है कि लेखक मुझे सम्बोधित कर रहा है। जिसमें निबन्धकार केवल अपने ही विचार प्रस्तुत करने का प्रयास करता है।

निबन्ध का वर्गीकरण या भेद

निबन्ध के वर्गीकरण के अनेक आधार हैं। विषय, शैली, भाषा, स्वरूप आदि के आधार पर निबन्ध के अनेक भेद-प्रभेद किये जा सकते हैं। स्वरूप के आधार पर निबन्ध के चार भेद हो सकते हैं। 1. पुस्तक के रूप में, 2. भूमिका के रूप में,

3. लिखित व्याख्यान के रूप में और 4. पत्र-पत्रिकाओं में प्रकाशित लेखों के रूप में।

विषय के आधार पर निबन्धों के अनेक भेद हो सकते हैं। जैसे साहित्य और भाषा विषयक, जीवन चरितात्मक, ऐतिहासिक, पुरातत्त्व-सम्बन्धी, सामाजिक, राजनीतिक, धार्मिक, आध्यात्मिक, आर्थिक, समस्याश्रयी, मनोवैज्ञानिक, वैज्ञानिक आविष्कारों सम्बन्धी आदि। निबन्धों का वर्गीकरण शैली के आधार पर करना ही युक्तिसंगत हैं। इस आधार पर विद्वानों ने निबन्ध के विभिन्न भेद किये हैं। विषय के अनुसार हिन्दी निबन्ध के निम्न पाँच प्रकार माने जाते हैं। 1. विचारात्मक, 2. आलोचनात्मक, 3. भावात्मक, 4. वर्णनात्मक और 5. विवरणात्मक। वस्तुतः व्यक्ति को आधार मानकर निबन्धों को व्यक्ति प्रधान और विषय प्रधान दो स्थूल भागों में विभाजित किया जा सकता है।

बाबू गुलाबराय निबधों को चार वर्गों में विभाजित किया है 1. वर्णनात्मक, 2. विवरणात्मक, 3. विचारात्मक और 4. भावात्मक

अति विस्तृत और विविधता से परिपूर्ण निबन्ध विधा का वैज्ञानिक विभाजन एक अत्यन्त दुस्तर कार्य हैं। सामान्यतः चिन्तात्मक (रिफ्लैक्टिव), भावात्मक (इमोशनल), वर्णनात्मक (डिस्क्री), और विवरणात्मक (नेरेटिव) ये चार ही भेद साहित्य-क्षेत्र में रूढ़ हो गये हैं। निबन्ध का मान्य और वैज्ञानिक प्रकार-विश्लेषण श्री जयनाथ नलिन ने किया है। उनके अनुसार निबन्ध के दो वर्ग हैं। 1. निजात्मक (Subjective) और 2. परात्मक (Objective)। इन्हें विषयीप्रधान और विषय प्रधान भी कह सकते हैं। निजात्मक निबन्धों के भी दो प्रकार हैं—1. विचारात्मक और 2. भावात्मक। परात्मक के भी दो विभाग हैं—वर्णनात्मक और विवरणात्मक। किन्तु निजात्मक निबन्धों के दोनों प्रभेदों को अंग्रेजी में पर्सनल एसे कहते हैं। इसलिए जयनाथ नलिन ने निबन्ध के तीन भेद किये हैं 1. विचारात्मक, 2. भावात्मक और 3. वैयक्तिक या आत्मपरक।

कुल मिलाकर सभी विद्वानों के मतों को स्वीकार कर निबन्धों के निम्नांकित भेद किये जा सकते हैं—1. वर्णनात्मक, 2. विवरणात्मक, 3. विचारात्मक, 4. भावात्मक, 5. आत्मपरक और 6. शैलीपरक।

वर्णनात्मक निबन्ध : वर्णनात्मक निबन्ध में निरूपण अथवा व्याख्या की प्रधानता रहती है। इसमें कल्पना तत्त्व एवं अनुभूति का भी सन्निवेश होता है। इसमें निबन्धकार की वैयक्तिकता मुखर होती है। निबन्धकार का लक्ष्य वर्णन द्वारा सजीव चित्र उपस्थित करना होता है। मुख्यतः पर्व-त्योहार, मेला-तमाशा, प्राकृतिक दृश्य, यात्रा, नगर-गाँव आदि का मनमोहक, आकर्षक और कलात्मक

वर्णन निबन्धकार इस शैली में प्रस्तुत करता है। इस प्रकार के निबन्धों में लेखक का उद्देश्य पाठक की रागात्मक और रसात्मक रुचि जाग्रत करना होता हैं।

विवरणात्मक निबन्ध : विवरण का अर्थ है वृत्तान्त या बयान। विवरणात्मक निबन्ध में विषय-विशेष का विस्तृत, गतिशील और चित्रात्मक वर्णन होता है। इसमें वर्णनात्मक निबन्धों की अपेक्षा अधिक चैतन्यता होती है। विवरणात्मक निबन्ध जीवनी, कथा, घटना, यात्रा, शिकार आदि पर आधृत होते है। इस कोटि के निबन्धों में भी काल्पनिकता तथा लेखक की वैयक्तिकता का समुचित समावेश होता हैं। इस प्रकार के निबन्धों में प्रसाद शैली, शब्द की लक्षणा तथा व्यंजना शक्तियों का सहारा लिया जाता है।

विचारात्मक निबन्ध : बुद्धि प्रधान निबन्धों को विचारात्मक कहेंगे। इस निबन्ध में भावना और कल्पना के स्थान पर तर्क-वितर्क सूक्ष्म-विश्लेषण तथा चिन्तन की प्रखरता होती है। ये निबन्ध पर्याप्त गम्भीर, गहन तथा विचार-बोझिल होते हैं। इनमें विषय से सम्बद्ध बुद्धि-संगत विचारों की ही प्रस्तुति होती है। इन निबन्धों में लेखक का स्वाधीन चिन्तन-मनन तथा मौलिकता विद्यमान होती हैं।

भावात्मक निबन्ध : इस निबन्ध का सम्बन्ध हृदय पक्ष से है। विचारात्मक निबन्ध का सम्बन्ध बुद्धि पक्ष से होता हैं, और भावात्मक निबन्ध हृदय पक्ष से सम्बन्धित होते हैं। इस निबन्धों में रागवृत्ति की प्रधानता होती है। इनमें हृदह की अनुभूतियों, आवेगों तथा भावुकता का उद्रेक दिखायी पड़ता है। ऐसे निबन्धों में भावों का निश्छल प्रकाशन होता है। इनकी शैली प्रवाहपूर्ण और तरल होती हैं। भाषा कोमल, स्निग्ध और नाद सौन्दर्यपूर्ण इन निबन्धों में कविता का-सा रस और आनन्द प्राप्त होता है।

आत्मपरक निबन्ध : आत्मपरक निबन्ध में लेखक का निज इतनी गहरी, स्पष्ट, मोटी और चमकीली रूपरेखा लेकर उपस्थित रहता है कि यह किसी अन्य का बन ही नहीं सकता। विश्व की बात कहकर नहीं, अपनी बात कहकर वह शेष विश्व की आत्मीयता, सहानुभूति और संवेदना प्राप्त करता है। इस कोटि के प्रत्येक निबन्धकार का व्यक्तित्व सर्वथा पृथक और स्पष्ट पहचान में आने वाला होता है। निबन्ध में उसकी वैयक्तिक अनुभूति, कष्ट-सन्ताप, मूल्य, विश्वास उजागर होता है।

शैलीपरक निबन्ध : शैली अपने आप एक बौद्धिक गुण है। शैली एक अनिश्चित अर्थ वाला शब्द है। इसलिए पाश्चात्य विद्वानों ने शैली के सम्बन्ध में अलग अलग धारणाएँ व्यक्त की हैं। किसी ने शैली को ही व्यक्ति माना है तो किसी ने शैली अपने मन का विध्वस्त अनुकरण माना है। वास्तव में

शैली एक व्यक्तित्व का दूसरे व्यक्तित्व को प्रभावित करने का साधन है। पोप ने शैली को विचारों का परिधान कहा है। इस प्रकार शैली साहित्य सृजन का वह तत्त्व है, जिसका सम्बन्ध वाक्य-संगठन, शब्द-चयन, अभिव्यक्ति-प्रणाली आदि से होता है। शैली वह प्रणाली है जिसके द्वारा लेखक की अनुभूति या विचारधारा की यथा-तथ्य और सार्थक अभिव्यक्ति सम्भव है। शैली का सम्बन्ध वक्तृत्व वस्तु की अभिव्यक्ति से हैं। शैली बात कहने का ढंग है, पर शैली अभिव्यक्ति का साधारण धर्म नहीं है, वह विशिष्ट अभिव्यक्ति का सहज धर्म है। विषय-वस्तु की पूर्ण अभिव्यक्ति, प्रभावयुक्त अभिव्यक्ति, औचित्यपूर्ण अभिव्यक्ति, विषय तथा व्यक्तित्व प्रेरित वैशिष्ट्यों से युक्त अभिव्यक्ति का नाम ही शैली है। इस प्रकार आत्मपरक निबन्ध में निबन्धकार अपनी शैली का विशेष प्रयोग करता है।

निबन्ध की प्रमुख विशेषताएँ

निबन्ध की प्रमुख विशेषताएँ निम्नांकित मानी गयी हैं—

1. निबन्ध एक छोटी-सी रचना होती है। अंग्रेजी में प्राचीन काल से कभी-कभी चार-सौ पाँच-सौ पृष्ठों की रचनाओं तक की निबन्ध का नाम दिया गया है। अंग्रेजी में निबन्धकार लोक की Essay on Understanding ऐसी ही रचना हैं। किन्तु अब निबन्ध उसी लघु रचना को कहते हैं, जो किसी भी अवकाश के समय सरलता से पढ़ी जा सके और मस्तिष्क में रखी जा सके।
2. निबन्ध में बहुत सी बातों का संग्रह किया जा सकता है। किसी सिद्धान्त विशेष का प्रतिपादन नहीं। निबन्ध का कार्य किसी बात को सिद्ध करना नहीं, बल्कि ध्वनित करना होता है। यह ध्वनित भी चित्रात्मक शैली में किया जाना चाहिए, वर्णनात्मक शैली में नहीं।
3. निबन्ध को किसी एक विचार या भाव पर ही केन्द्रित रहना चाहिए। यह केन्द्रीकरण कलात्मक ढंग से किया जाना चाहिए। जॉनसन के मत का खण्डन करते हुए उपर्युक्त विद्वानों ने निबन्ध में व्यर्थ की बातों को अव्यस्थित अनावश्यक माना है। कलापूर्णता और आत्मनिर्भरता निबन्ध की प्रधान विशेषताएँ हैं।
4. निबन्ध में जिस विषय का विवेचन किया गया हो, उस पर लेखक अपने विचार स्वतन्त्रता से व्यक्त कर सकता है। किन्तु वह अपने विचारों को पाठकों पर बलात लाद नहीं सकता।

5. कविता के समान निबन्ध में भी बुद्धि की अपेक्षा हृदय को प्रभावित करने की क्षमता विशेष होनी चाहिए। इसके लिए लेखक मूर्ति विधान का आश्रय ले सकता है।
6. निबन्ध की अभिव्यक्ति विचारहीनतामय नहीं प्रतीत होनी चाहिए। साथ ही साथ ऐसा हो कि उसकी रचना बड़े चिन्तन और मनन के बाद की गयी भी प्रतीत न हो। स्वतन्त्र विचारों को निर्बाध रूप से अभिव्यक्त करना ही निबन्ध का लक्ष्य होता है।
7. निबन्ध में लेखक के निजीपन और व्यक्तित्व की अभिव्यक्ति रहती है। निबन्ध का Subjective होना नितान्त आवश्यक होता है। किन्तु 'treantise' objectgive रचना होती है।

सन्दर्भ ग्रन्थ

1. शास्त्रीय समीक्षा के सिद्धान्त—डॉ. गोविन्द त्रिगुणायत
2. हिन्दी के प्रतिनिधि निबन्धकार—डॉ. विभुराम मिश्र
3. काव्य के रूप—गुलाबराय
4. हिन्दी निबन्धों का शैलीगत अध्ययन—डॉ. मु.ब. शहा
5. हिन्दी के ललित निबन्ध : स्वरूप एवं मूल्यांकन—सन्तराम देशवाल
6. हिन्दी निबन्ध के आधार स्तम्भ—डॉ. हरिमोहन
7. भारतीय काव्यशास्त्र के सिद्धान्त—डॉ. सुरेश अग्रवाल

अनुक्रम

भारतेन्दु हरिश्चन्द्र

भारतेन्दु हरिश्चन्द्र का जन्म सन् 1850 ई. में बनारस के एक वैभवशाली वैश्य परिवार में हुआ। कहा जाता है कि इनके पूर्वज पहले-पहल बंगाल के लखनावट नामक स्थान में जा बसे। कालान्तर में वहाँ से राजमहल, फिर मुर्शिदाबाद गये। इनके एक पूर्वज फतेहचन्द मुर्शिदाबाद से आकर स्थायी रूप से काशी में बस गये। फतेहचन्द के नौ भाई थे, जिनमें तीन को राजा, एक को रायबहादुर तथा औरों को बाबू की उपाधियाँ थीं। सन्तान केवल फतेहचन्द को थी। बाबू हर्षचन्द इनके एकमात्र पुत्र थे। हर्षचन्द के भी एक ही पुत्र हुआ जिसका नाम गोपालचन्द था। इन्हें साहित्य से प्रेम था और कविता करने के लिए इन्होंने अपना गिरधरदास उपनाम रखा हुआ था। इन्होंने संस्कृत और हिन्दी में ग्रन्थों की रचना की थी। इनकी मृत्यु केवल 27 वर्ष की आयु में हो गयी। इनके दो पुत्र थे, जिनमें बड़े हरिश्चन्द्र तथा छोटे गोपालचन्द्र थे।

भारतेन्दु हरिश्चन्द्र की माता की मृत्यु हुई तब वे केवल 5 वर्ष के थे और उनके 9वें वर्ष में प्रवेश करते-न-करते उनके पिता भी उन्हें अनाथ बनाकर चले गये। उनकी आरम्भिक शिक्षा और कॉलेज शिक्षा क्वीन्स कॉलेज में हुई, पर संस्कृत, फारसी और बंगला का उन्होंने गहन अध्ययन किया और अच्छा ज्ञान प्राप्त कर लिया। बहुत कम उम्र से ही वह कविता करने लगे थे। उनकी पहली कविता शायद उनके पिता के जीवनकाल में ही लिखी गयी, जब शायद उनकी उम्र आठ साल रही होगी। उनका पहला नाटक छपा तब उनकी उम्र 14 साल थी।

वे 4 वर्षों तक ऑनरेरी मजिस्ट्रेट और म्युनिसिपल कमिश्नर भी रहे। वे अत्यन्त उदार थे और अनेक गरजमन्द गरीबों की मदद करते रहते थे। वे समाजोत्थान के कामों में खुलकर सहायता करते थे और खुद भी हिस्सा लेते थे। उन्होंने 'कविवचन-सुधा' और 'भारतेन्दु मैगजीन' और 'बालबोधिनी' नामक पत्रिकाओं का प्रकाशन किया। वे नियमित रूप से न केवल अपनी पत्रिकाओं

में लिखते थे, बल्कि उस समय की सभी पत्र-पत्रिकाओं में लेखन-सहयोग करते थे। उन्होंने एक स्कूल की स्थापना की। वे तमिल, तेलुगु सहित भारत की सभी भाषाएँ पढ़-लिख सकते थे। लोगों ने उन्हें भारतेन्दु की उपाधि दी थी।

भारतेन्दु जी ने अपने छोटे से जीवनकाल में अनेक पुस्तकें लिखीं, जिनमें 17 नाटक हैं। सात नाटक दूसरी भाषाओं से अनूदित हैं जबकि 11 नाटक मौलिक हैं। उन्होंने आरम्भ में ब्रजभाषा में कविता लिखी और गद्य खड़ी बोली में, पर बाद में उन्होंने कविताएँ भी खड़ी बोली में लिखीं। उनके द्वारा लिखित, अनूदित और सम्पादित ग्रन्थों की संख्या 95 के आसपास है, हालाँकि अभी भी उनकी सारी रचनाएँ उपलब्ध नहीं हैं, जो उपलब्ध हैं उन्हें रायकृष्ण दास के सम्पादन में भारतेन्दु ग्रन्थावली में संकलित किया गया है।

भारतेन्दुजी आधुनिक हिन्दी साहित्य के जन्मदाता माने जाते हैं। भारतेन्दु ने शृंगार की ढेर सारी कविताएँ लिखीं, पर उनकी समाज-सुधार और उत्कट देश-प्रेम सम्बन्धी कविताएँ उनके कविकर्म की अक्षय निधि हैं। उनके समय के अधिकांश रचनाकारों ने उनका अनुसरण किया। पण्डित बालकृष्ण भट्ट, प्रतापनारायण मिश्र, बदरीनारायण चौधरी 'प्रेमघन' और ठाकुर जगमोहन सिंह आदि उनके समकालीन लेखक थे और अच्छे गद्य लेखक तथा कवि थे। नाटककारों में श्रीनिवासदास और राधाकृष्णदास उल्लेखनीय हैं। इन सभी पर भारतेन्दु हरिश्चन्द्र का स्पष्ट प्रभाव था। भारतेन्दु हरिश्चन्द्र का निधन सन् 1885 ई. में हुआ। आधुनिक हिन्दी साहित्य भारतेन्दु का ऋणी है।

सूर्योदय

●

भारतेन्दु हरिश्चन्द्र

देखो भाई, सूर्य का उदय हो गया। अहा! इसकी शोभा इस समय ऐसी दिखायी पड़ती है मानो अन्धकार को जीतने को दिन ने यह गोला मारा है, अथवा प्रकाश का यह पिण्ड है, व आकाश का यह कोई बड़ा लाल कमल खिला है, व लोगों के शुभाशुभ कर्म की खराद का यह चक्र है, अथवा चन्द्रमा के रथ का पहिया है—घिसने से लाल हो गया है अथवा काल के निर्लेप होने की सौगन्ध खाने का यह तपाया हुआ लोहे का गोला है, अथवा उस बड़े आतिशबाज़ का—जिसने रात को अद्‌भत गजसितारा छोड़ा था—यह दिन का गुब्बारा है, व यह एक लाल व्योमयान (बैलून) है जो समय को लिये इधर-उधर फिरा करता है, व संसारियों का दिन के काम पर जो अनुराग है—यह उसका समूह है, व पूर्वदिशा का माणिक्य का सीसफूल है, व काल-खिलाड़ी का यह लाल पतंग है, व समय-रेल का आगमन-सूचक वह आगे की लाल लालटेन है, व उस बाजीगर का यह भी एक खेल है कि अधर में एक लाल झाड़ रौशन कर दिया है, व काल-रूपी यह कोई बड़ा गृह है, जो जगत् को खाता चला जाता है, व उस बड़े टकसाल की यह एक अशरफी है जो चन्द्रमा-जैसे रुपये से भी दाम में सोलह गुनी है, व समय-रूपी चालान की पेटी पर यह लाल की मोहर है, व आकाश-रूपी दिगम्बर का भीख माँगने का यह ताँबे का कटोरा है, व अँधेरे से लड़ने वाले चन्द्रमा-वीर की यह खून-भरी ढाल है, व ज्योतिषियों की बुद्धि की घुड़दौड़ का सीमाचिह्न है, व वे कितना भी गिना किये—हाथ कुछ न लगा उसी का यह बिन्दु है, व रात-दिन के तौलने का यह तराजू का पलड़ा है, व मजीठ का कुण्ड है, व लाल पत्थर का गुम्बज है, व काल का चक्र है, व बेलालता का यह पक्की मिट्टी का थाँवला है, व जगत् के सिर का छत्र है, व काल-महाराज की सूरजमुखी है, व संसार के सिर

की यह लट्टूदार पगड़ी है, व हठीले बालक के खेल की यह चकई है जो इसकी आज्ञारूपी डोर पर ऊँची-नीची हुआ करती है। व जगत् को जगाने का नगाड़ा है, व सबको उठते ही शकुन होने को यह सामने दिशा की यह लाल हथेली है, व उस कर्मकाण्डी का यह अग्निकुण्ड है जिसमें नित्य वह जगत् की आयु होम करता है, व उस मंगल-मूर्ति की यह मंगला आरती है, व उस दरबारे के गजर देने का यह घड़ियाल है, व कोई लाल आरसी सामने खड़ी है, व उस परम प्रकाशित भवन का एक मोखा है, व आकाश-सरोवर का यह लाल कछुआ है, व किरणों का जाल फैलाने वाला कोई मछुआ है, व जगत् को मृगतृष्णा-भ्रम के जादू में फँसाने को छूमन्तर का पिटारा है, व उस कबूतरबाज का सुरखा लक्का-कबूतर है, व संवत् जलाने वाली होली है व संसार का सिरमौर है, व जगत् पर दयालु के अपार अनुराग का यह एक किनका है, या लोगों के बुरे-भले कामों के लाल बही पर लेखा लगाने की यह दवात है, व उसके दरबार के शिखर का कलस है, व वह उस भार का मुँह है, जिसका संसार लावा है या होनहार की सवारी का बनाती चक्रडोल है, या दिक्कुजर का रंगीन हौदा है, व उस व्यापारी का यह भी एक नटखट है जिका संसार सौदा है, या भाग्य-रूपी स्टाम्प की यह लाल मुहर है, व काल की इस संसार-रूपी रणभूमि की नदी का फेन है व काल-सर्प का फन है, व समय-रूपी मतवाले हाथी का घण्टा है, व जगत् जालसाज का मन है—इसी से सारा टण्टा है, व लोगों की बुद्धि-रूपी सरस्वती का कुण्ड है, या काल-कबन्ध का मुण्ड है, व आकाश-दर्पर्ण में यह भूगोल का प्रतिबिम्ब है, व चन्द्रमा का बड़ा भाई है, व केसर के रंग का फुहारा है, व भूगोल में जहाँ लाखों ग्रह पड़े हैं वहाँ यह भी एक छोटा-मोटा लाल मण्डल है, व पूर्व दिशा-सोहामिन का सिधोरा है, व शकुन ने नारियल का गोला है जो रोली में बोरा है व लोक का दीप है या सर्वदा फैशन बदलने वाले काल की चक्करदार टोपी है, या सच पूछो तो उसकी जेब-घड़ी वरंच धर्म-घड़ी है, व आलोक की खान है, व जगत् पीसने की चक्की है, व कपट-नाटक सूत्रधार का यह भी कोई गोल-मटोल लाल चेहरा है, या उस खिलाड़ी की शतरंज का कोई सुर्ख मुहरा है।

सरदार पूर्णसिंह

अध्यापक पूर्णसिंह हिन्दी के ऐसे निबन्धकार हैं, जिनमें प्रतापनारायण मिश्र की भावात्मकता एवं द्विवेदी युग की देश-निष्ठा का अद्भुत समन्वय मिलता है। आपका जन्म 17 फरवरी, 1881 को पश्चिमोत्तर सीमा-प्रान्त (वर्तमान पाकिस्तान) हजारा जिले के मुख्य नगर एकटाबाद के समीप सलहद ग्राम में हुआ था। आपके पिता सरदार करतार सिंह भागर में सरकारी कर्मचारी थे। आपकी पढ़ाई वहीं पर प्रारम्भ हुई। आपने सन् 1899 में लाहौर से एम. ए. पास किया। सन् 1900 में आपको पढ़ाई के लिए टोकियो भेजा गया। वहाँ पर पढ़ते हुए आपने भारतीयों का एक क्लब प्रारम्भ किया, जहाँ भारत स्वतन्त्रता हेतु भाषण मालाएँ रखी गयीं। वहीं पर आपकी भेंट स्वामी रामतीर्थ से हुई। स्वामी रामतीर्थ के दार्शनिक-विचारों का आप पर प्रभाव पड़ा। सन् 1903 में आप भारत लौट आये। यहाँ आकर ब्रिटिश सरकार के विरोध में भाषण देते रहे, इस कारण आपको जेल भी जाना पड़ा। तत्पश्चात् आप अध्यापक, प्राचार्य एवं लेखक के रूप में कार्य करते रहे। तपेदिक की लम्बी बीमारी के कारण 31 मार्च, 1931 को आपका स्वर्गवास हुआ।

सरदार पूर्णसिंह का हिन्दी, संस्कृत, अंग्रेजी, उर्दू और पंजाबी आदि भाषाओं पर असाधारण अधिकार था। आपने लगभग पचास पुस्तकें लिखीं, जिनमें विविध विषयों का समावेश है। आपने हिन्दी में केवल छह ही निबन्ध लिखे, जिन्हें 'सरस्वती' में प्रकाशित किया गया। 'सच्ची वीरता', 'मजदूरी और प्रेम', 'पवित्रता और कन्यादान', 'आचरण की सभ्यता' आदि प्रमुख हैं। इन निबन्धों में भावात्मक आदर्श का रूप मिलता है। यह भावात्मकता, सामाजिक एवं राष्ट्रीय चेतना से प्रेरणा ग्रहण करती है।

प्रस्तुत 'मजदूरी और प्रेम' में सरदार पूर्णसिंह जी ने श्रमजीवी वर्ग एवं किसानों, मजदूरों का महत्त्व व्यक्त किया है। जीवन में श्रम का मूल्य कितना महान है तथा सभी निकम्मे लोगों को खेत, गाँव जाकर जीवन की वास्तविकता की अनुभूति करना जरूरी है। उससे जो साहित्य-सृजन होगा, वह जीवन का

वास्तव स्वरूप होगा। उससे, धर्म, योग, शुद्धाचरण, सभ्यता और कविता आदि के फूल प्रफुल्लित होंगे। मिश्र जी ने 'श्रम' की अत्यन्त भावपूर्ण व्याख्या कर, श्रम के मूल में आत्मीयता, स्नेह और कोमलता की भावना को प्रमुख माना, न कि केवल अर्थ-अर्जन को। आपने श्रम के ही समान पवित्रता की नई मानवता-परक व्याख्या की थी। स्वतन्त्र चिन्तन, स्पष्ट, सरस, भावप्रवण अभिव्यक्ति तथा लाक्षणिकता और व्यंजकता का समावेश कर आपने निबन्ध का एक सर्वथा नवीन रूप प्रस्तुत किया है।

मजदूरी और प्रेम

•

सरदार पूर्णसिंह

हल चलाने वाले का जीवन

हल चलाने वाले और भेड़ चराने वाले प्रायः स्वभाव से ही साधु होते हैं। हल चलाने वाले अपने शरीर का हवन किया करते हैं। खेत उनकी हवनशाला है। उनके हवनकुण्ड की किरणें चावल के लम्बे और सफेद दानों के रूप में निकलती हैं। गेहूँ के लाल-लाल दाने इस अग्नि की चिनगारियों की डालियाँ-सी हैं। मैं जब कभी अनार के फूल और फल देखता हूँ, तब मुझे बाग के माली का रुधिर याद आ जाता है। उसकी मेहनत के कण जमीन में गिरकर उगे हैं और हवा तथा प्रकाश की सहायता से वे मीठे फलों के रूप में नज़र आ रहे हैं। किसान मुझे अन्न में, फूल में, फल में आहुति हुआ-सा दिखायी देता है। कहते हैं, ब्रह्माहुति से जगत् पैदा हुआ है। अन्न पैदा करने में किसान भी ब्रह्मा के समान है। खेती उसके ईश्वरीय प्रेम का केन्द्र है। उसका सारा जीवन पत्ते-पत्ते में, फूल-फूल में विचर रहा है। वृक्षों की तरह उसका भी जीवन एक तरह का मौन जीवन है। वायु, जल, पृथ्वी, तेज और आकाश की नीरोगता इसी के हिस्से में है।

विद्या यह नहीं जानता, जप और तप यह नहीं करता; सन्ध्या-वन्दनादि इसे नहीं आते; ज्ञान-ध्यान का इसे पता नहीं; मसजिद, गिरजा, मन्दिर से इसे सरोकार नहीं; केवल साग-पात खाकर ही वह अपनी भूख निवारण कर लेता है। ठण्डे चश्मे और बहती हुई नदियों के शीतल जल से वह अपनी प्यास बुझा लेता है। प्रातःकाल उठकर वह अपने हल-बैलों को नमस्कार करता है और हल जोतने चल देता है। दोपहर की धूप इसे भाती है। इसके बच्चे मिट्टी ही में खेल-खेल कर बड़े हो जाते हैं। इसको और इसके परिवार को बैलों और गौओं से प्रेम है। उनकी यह सेवा करता है। पानी बरसाने वाले के दर्शनार्थ इसकी आँखें नीले आकाश

की ओर उठती हैं। नयनों की भाषा में यह प्रार्थना करता है। सायं और प्रातः, दिन और रात, विधाता इसके हृदय में अचिन्तनीय और अद्भुत आध्यात्मिक भावों की वृष्टि करता है। यदि कोई इसके घर आ जाता है तो यह उनको मृदु वचन, मीठे जल और अन्न से तृप्त करता है। धोखा यह किसी को नहीं देता। यदि इसको कोई धोखा दे भी दे तो उसका इसे ज्ञान नहीं होता, क्योंकि इसकी खेती हरी-भरी है, गाय इसकी दूध देती है, स्त्री इसकी आज्ञाकारिणी है, मकान इसका पुण्य और आनन्द का स्थान है। पशुओं को चराना, नहलाना, खिलाना, पिलाना, उनके बच्चों की अपने बच्चों की तरह सेवा करना, खुले आकाश के नीचे उनके साथ रातें गुजार देना क्या स्वाध्याय से कम है?

दया, वीरता और प्रेम जैसा इन किसानों में देखा जाता है, अन्यत्र मिलने का नहीं। गुरु नानक ने ठीक कहा है—“भोले भाव मिलें रघु-राई।” भोले-भाले किसानों को ईश्वर अपने खुले दीदार का दर्शन देता है। उनकी फूस की छतों में से सूर्य और चन्द्रमा छन-छन कर उनके बिस्तरों पर पड़ते हैं। ये प्रकृति के जवान साधु हैं। जब कभी मैं इन बे-मुकुट के गोपालों का दर्शन करता हूँ, मेरा सिर स्वयं ही झुक जाता है। जब मुझे किसी फकीर के दर्शन होते हैं तब मुझे मालूम होता है कि नंगे सिर, नंगे पाँव, एक टोपी सिर पर, एक लँगोटी कमर में, एक काली कमली कन्धे पर, एक लम्बी लाठी हाथ में लिये हुए गौओं का मित्र, बैलों का हमजोली, पक्षियों का महाराज, महाराजाओं का अन्नदाता, बादशाहों को ताज पहनाने और सिंहासन पर बिठानेवाला, भूखों और नंगों को पालने वाला, समाज के पुष्पोद्यान का माली और खेतों का वाली जा रहा है।

गड़रिये का जीवन

एक बार मैंने एक बुड्ढे गड़रिये को देखा। घना जंगल है। हरे-हरे वृक्षों के नीचे उसकी सफेद ऊन वाली भेड़ें अपना मुँह नीचा किये हुए कोमल-कोमल पत्तियाँ खा रही हैं। गड़रिया बैठा आकाश की ओर देख रहा है। ऊन कातता जाता है। उसकी आँखों में प्रेमलीला छायी हुई है। वह निरोगता की पवित्र मदिरा से मस्त हो रहा है। बाल उसके सारे सफेद हैं, और क्यों न सफेद हों! सफेद भेड़ों का मालिक जो ठहरा। परन्तु उसके कपोलों से लाली फूट रही है। बरफानी देशों में वह मानो विष्णु के समान क्षीरसागर में लेटा है। उसकी प्यारी स्त्री उसके पास रोटी पका रही है। उसकी दो जवान कन्याएँ उसके साथ जंगल-जंगल भेड़ चराती घूमती हैं। अपने माता-पिता और भेड़ों को छोड़कर उन्होंने किसी और को नहीं देखा। मकान उनका बे-मकान है, घर उनका बे-घर है; ये लोग बेनाम और बेपता हैं।

किसी घर में न घर कर बैठना इस दरे फानी में।
ठिकाना बेठिकाना और मकाँ बर लामकाँ रखना।।

इस दिव्य परिवार को कुटी की जरूरत नहीं। जहाँ जाते हैं, घास की एक झोंपड़ी बना लेते हैं। दिन को सूर्य और रात को तारागण इनके सखा हैं।

गड़रिये की कन्या पर्वत के शिखर के ऊपर खड़ी सूर्य का अस्त होना देख रही है। उसकी सुनहरी किरणें इसके लावण्यमय मुख पर पड़ रही हैं। यह सूर्य को देख रही है और वह इसको देख रहा है—

हुए थे आँखों के कल इशारे, इधर हमारे उधर तुम्हारे।
चले थे अश्कों के क्या फवारे, इधर हमारे उधर तुम्हारे।।

बोलता तो कोई भी नहीं। सूर्य उसकी युवावस्था की पवित्रता पर मुग्ध है और वह आश्चर्य के अवतार सूर्य की महिमा के तूफान में पड़ी नाच रही है। इनका जीवन बर्फ की पवित्रता से पूर्ण और वन की सुगन्ध से सुगन्धित है। इनके मुख, शरीर और अन्तःकरण सफेद, इनकी बर्फ, पर्वत और भेड़ें सफेद! अपनी सफेद भेड़ों में यह परिवार शुद्ध सफेद ईश्वर के दर्शन करता है—

जो खुदा को देखना हो तो मैं देखता हूँ तुमको।
मैं देखता हूँ तुमको जो खुदा को देखना हो।।

भेड़ों की सेवा ही इनकी पूजा है। जरा एक भेड़ बीमार हुई, बस परिवार पर विपत्ति आयी। दिन-रात उसके पास बैठे काट देते हैं। उसे अधिक पीड़ा हुई तो इन सबकी आँखें शून्य आकाश में किसी को देखते-देखते गल गयीं। पता नहीं, ये किसे बुलाती हैं। हाथ जोड़ने तक की उन्हें फुरसत नहीं। पर, हाँ, इन सबकी आँखें किसी के आगे शब्द रहित, संकल्प रहित मौन प्रार्थना में खुली हैं। दो रातें इसी तरह गुजर गयीं। इनकी भेड़ अब अच्छी है। इनके घर मंगल हो रहा है। सारा परिवार मिलकर गा रहा है। इतने में नीले आकाश पर बादल घिर आये और झम-झम बरसने लगे। मानो प्रकृति के देवता भी इनके आनन्द से आनन्दित हुए। बूढ़ा गड़रिया आनन्दमत्त होकर नाचने लगा। वह कहता कुछ नहीं, पर किसी दैवी दृश्य को उसने अवश्य देखा है। वह फूले अंग नहीं समाता, रग-रग उसकी नाच रही है। पिता को ऐसा सुखी देख दोनों कन्याओं ने एक दूसरे का हाथ पकड़ कर पहाड़ी राग आरम्भ कर दिया। साथ ही धम-धम थम-थम नाच की उन्होंने धूम मचा दी। मेरी आँखों के सामने ब्रह्मानन्द का समाँ बाँध दिया। मेरे पास मेरा भाई खड़ा था। मैंने उससे कहा, "भाई, अब मुझे भी भेड़ें ले दो।" ऐसे ही मूक जीवन से मेरा भी कल्याण होगा। विद्या को भूल जाऊँ तो अच्छा है। मेरी पुस्तकें खो जावें तो उत्तम है। ऐसा होने से कदाचित् इस बनवासी परिवार

की तरह मेरे दिल के नेत्र खुल जायें और मैं ईश्वरीय झलक देख सकूँ। चन्द्र और सूर्य की विस्तृत ज्योति में जो वेद-गान हो रहा है, उसे इस गड़रिये की कन्याओं की तरह मैं सुन तो न सकूँ, परन्तु कदाचित् प्रत्यक्ष देख सकूँ। कहते हैं, ऋषियों ने भी इनको देखा ही था, सुना न था। पण्डितों की ऊटपटाँग बातों से मेरा जी उकता गया है। प्रकृति की मन्द-मन्द हँसी में ये अनपढ़ लोग ईश्वर के हँसते हुए होंठ देख रहे हैं। पशुओं के अज्ञान में गम्भीर ज्ञान छिपा हुआ है। इन लोगों के जीवन में अद्‌भुत आत्मानुभव भरा हुआ है। गड़रिये के परिवार की प्रेम-मजदूरी का मूल्य कौन दे सकता है?

मजदूर की मजदूरी

आपने चार आने पैसे मजदूर के हाथ पर रखकर कहा—"यह लो दिनभर की अपनी मजदूरी।" वाह क्या दिल्लगी है! हाथ, पाँव, सिर, आँखें इत्यादि सब अवयव उसने आपको अर्पण कर दिये। ये सब चीजें उसकी तो थीं ही नहीं, ये तो ईश्वरीय पदार्थ थे। जो पैसे आपने उसको दिये, वे भी आपके अवयव थे? वे तो पृथ्वी से निकली हुई धातु के टुकड़े थे, अतएव ईश्वर के निर्मित थे। मजदूरी का ऋण तो परस्पर की प्रेम-सेवा से चुकता होता है, अन्न-धन देने से नहीं। वे तो दोनों ही ईश्वर के हैं। अन्न-धन वही बनाता है और जल भी वही देता है। एक जिल्दसाज ने मेरी एक पुस्तक की जिल्द बाँध दी। मैं तो इस मजदूर को कुछ भी नहीं दे सका। परन्तु उसने मेरी उम्र भर के लिए एक विचित्र वस्तु मुझे दे डाली। जब कभी मैंने उस पुस्तक को उठाया, मेरे हाथ जिल्दसाज के हाथ पर जा पड़े। पुस्तक देखते ही मुझे जिल्दसाज याद आ जाता है। वह मेरा आमरण मित्र हो गया है, पुस्तक हाथ में आते ही मेरे अन्तःकरण में रोज भरत-मिलाप का-सा समाँ बँध जाता है।

गाढ़े की एक कमीज को एक अनाथ विधवा सारी रात बैठकर सीती है, साथ ही साथ वह अपने दुर्भाग्य पर रोती भी है—दिन को खाना न मिला, रात को भी कुछ मयस्सर न हुआ। अब वह एक-एक टांके पर आशा करती है कि कमीज कल तैयार हो जायगी; तब कुछ तो खाने को मिलेगा। जब वह थक जाती है, तब ठहर जाती है। सुई हाथ में लिये हुए है, कमीज घुटने पर बिछी हुई है, उसकी आँखों की दशा उस आकाश की जैसी है, जिसमें बादल बरसकर अभी-अभी बिखर गये हैं। खुली आँखें ईश्वर के ध्यान में लीन हो रही हैं। कुछ काल के उपरान्त 'हे राम' कहकर उसने फिर सीना शुरू कर दिया। इस माता और इस बहन की सिली हुई कमीज मेरे लिए शरीर का नहीं, मेरी आत्मा का वस्त्र

है। इसका पहनना मेरी तीर्थ-यात्रा है। इस कमीज में उस विधवा के सुख-दुःख, प्रेम और पवित्रता के मिश्रण से मिली हुई जीवन-रूपिणी गंगा की बाढ़ चली आ रही है। ऐसी मजदूरी और ऐसा काम-प्रार्थना, सन्ध्या और नमाज़ से क्या कम है? शब्दों से तो प्रार्थना हुआ नहीं करती। ईश्वर तो कुछ ऐसी ही मूक प्रार्थनाएँ सुनता है और तत्काल सुनता है।

प्रेम मजदूरी

मुझे तो मनुष्य के हाथ से बने हुए कामों में उनकी प्रेममय पवित्र आत्मा की सुगन्ध आती है। रैफेल आदि के चित्रित चित्रों में उनकी कला की कुशलता को देख, इतनी सदियों के बाद भी, उनके अन्तःकरण के सारे भावों का अनुभव होने लगता है। केवल चित्र का ही दर्शन नहीं, किन्तु साथ ही, उसमें छिपी चित्रकार की आत्मा तक के दर्शन हो जाते हैं। परन्तु यन्त्रों की सहायता से बने हुए फोटो निर्जीव-से प्रतीत होते हैं। उनमें और हाथ के चित्रों में उतना ही भेद है, जितना कि बस्ती और श्मशान में।

हाथ की मेहनत से चीज में जो रस भर जाता है, वह भला लोहे के द्वारा बनायी चीज में कहाँ। जिस आलू को मैं स्वयं बोता हूँ, मैं स्वयं पानी देता हूँ, जिसके इर्द-गिर्द की घास-पात खोदकर मैं साफ करता हूँ; उस आलू में जो रस मुझे आता है, वह टीन में बन्द किये हुए अचार-मुरब्बे में नहीं आता। मेरा विश्वास है कि जिस चीज में मनुष्य के प्यारे हाथ लगते हैं, उसमें उसके हृदय का प्रेम और मन की पवित्रता सूक्ष्म रूप से मिल जाती है और उसमें मुर्दे को जिन्दा करने की शक्ति आ जाती है। होटल में बने हुए भोजन यहाँ नीरस होते हैं—क्योंकि वहाँ मनुष्य मशीन बना दिया जाता है। परन्तु अपनी प्रियतमा के हाथ से बने हुए रूखे-सूखे भोजन में कितना रस होता है। जिस मिट्टी के घड़े को कन्धों पर उठाकर, मीलों दूर से उसमें मेरी प्रेममग्न प्रियतमा ठण्डा जल भर लाती है, उस लाल घड़े का जल क्या पीता हूँ, अपनी प्रेयसी के प्रेमामृत का पान करता हूँ। जो ऐसा प्रेम-प्याला पीता हो, उसके लिए शराब क्या वस्तु है? प्रेम से जीवन सदा गद्‌गद रहता है। मैं अपनी प्रेयसी की ऐसी प्रेमभरी, रसभरी, दिलभरी सेवा का बदला क्या कभी दे सकता हूँ?

उधर प्रभात ने अपनी सफेद किरणों से अँधेरी रात पर सफेदी-सी छिटकाई, इधर मेरी प्रेयसी, मैना अथवा कोयल की तरह, अपने बिस्तर से उठी। उसने गाय का बखड़ा खोला; दूध की धारों से अपना कटोरा भर लिया। गाते-गाते अन्न को अपने हाथों से पीसकर सफेद आटा बना लिया। इस सफेद आटे से भरी हुई

छोटी-सी टोकरी सिर पर, एक हाथ में दूध से भरा हुआ लाल मिट्टी का कटोरा; दूसरे हाथ में मक्खन की हाँडी। जब मेरी प्रिया घर की छत के नीचे इस तरह खड़ी होती है, तब वह छत के ऊपर की श्वेत प्रभा से भी अधिक आनन्ददायक, बलदायक, बुद्धिदायक जान पड़ती है। उस समय वह उस प्रभा से अधिक रसीली, अधिक रँगीली, जीती-जागती, चैतन्य और आनन्दमयी प्रातःकालीन शोभा-सी लगती है। मेरी प्रिया अपने हाथों से चुनी हुई लकड़ियों को अपने दिल से चुराई हुई एक चिनगारी से लाल अग्नि में बदल देती है। जब वह आटे को छलनी से छानती है तब मुझे उसकी छलनी के नीचे एक अद्भुत ज्योति की लौ नजर आती है। जब वह उस अग्नि के ऊपर मेरे लिए रोटी बनाती है, तब उसके चूल्हे के भीतर मुझे तो पूर्व दिशा की नभोलालिमा से भी अधिक आनन्द-दायिनी लालिमा दीख पड़ती है। वह रोटी नहीं कोई अमूल्य पदार्थ है। मेरे गुरु ने इसी प्रेम से संयम करने का नाम योग रखा है। मेरा यही योग है।

आदमियों की तिजारत करना मूर्खों का काम है। सोने और लोहे के बदले मनुष्य को बेचना मना है। आजकल भाप की कलों का दाम तो हजारों रुपया है, परन्तु मनुष्य कौड़ी के सौ-सौ बिकते हैं। सोने और चाँदी की प्राप्ति से जीवन का आनन्द नहीं मिल सकता। सच्चा आनन्द तो मुझे मेरे काम से मिलता है। मुझे अपना काम मिल जाय तो फिर स्वर्ग-प्राप्ति की इच्छा नहीं। मनुष्य-पूजा ही सच्ची ईश्वर-पूजा है। मन्दिर और गिरजे में क्या रखा है? ईंट, पत्थर, चूना कुछ भी कहो, आज से हम अपने ईश्वर की तलाश मन्दिर, मसजिद-गिरजा और पोथी में न करेंगे। अब तो यही इरादा है कि मनुष्य की अनमोल आत्मा में ईश्वर के दर्शन करेंगे। यही आर्ट है, यही धर्म है। मनुष्य के हाथ ही से तो ईश्वर के दर्शन कराने वाले निकलते हैं। मनुष्य और मनुष्य की मजदूरी का तिरस्कार करना नास्तिकता है। बिना काम, बिना मजदूरी, बिना हाथ के कला-कौशल के विचार और चिन्तन किस काम के! सभी देशों के इतिहासों से सिद्ध है कि निकम्मे पादरियों, मौलवियों, पण्डितों और साधुओं का, दान के अन्न पर पला हुआ ईश्वर-चिन्तन, अन्त में पाप, आलस्य, भ्रष्टाचार में परिवर्तित हो जाता है। जिन देशों में हाथ और मुँह पर मजदूरी की धूल नहीं पड़ने पाती, वे धर्म और कला-कौशल में कभी उन्नति नहीं कर सकते। पद्मासन निकम्मे सिद्ध हो चुके हैं। वही आसन ईश्वर प्राप्ति करा सकते हैं, जिनसे जोतने, बोने, काटने और मजदूरी का काम लिया जाता है। लकड़ी, ईंट और पत्थर को मूर्तिमान् करने वाले लुहार, बढ़ई, मेमार तथा किसान आदि वैसे ही पुरुष हैं जैसे कि कवि, महात्मा और योगी आदि। उत्तम-से-उत्तम और नीच-से-नीच काम, सब के सब प्रेम-शरीर के अंग हैं।

निकम्मे रहकर मनुष्यों की चिन्तन-शक्ति थक गयी है। बिस्तरों और आसनों पर सोते और बैठे मन के घोड़े हार गये हैं। सारा जीवन निचुड़ चुका है। स्वप्न पुराने हो चुके हैं। आजकल की कविता में नयापन नहीं। उसमें पुराने जमाने की कविता की पुनरावृत्ति मात्र है। इस नकल में असल की पवित्रता और कुँवारेपन का अभाव है। अब तो एक नये प्रकार का कला-कौशलपूर्ण संगीत साहित्य-संसार में प्रचलित होने वाला है। यदि वह न प्रचलित हुआ तो मशीनों के पहियों के नीचे दबकर हमें मरा समझिए। यह नया साहित्य मजदूरों के हृदय से निकलेगा। उन मजदूरों के कण्ठ से नयी कविता निकलेगी, जो अपने जीवन में आनन्द के साथ खेत की मेड़ों का, कपड़े के ताँगों का, जूते के टाँकों का, लकड़ी के रंगों का, पत्थर की नसों का भेदभाव दूर करेंगे। हाथ में कुल्हाड़ी, सिर पर टोकरी, नंगे सिर और नंगे पाँव, धूल से लिपटे और कीचड़ से रँगे हुए वे बे-जबान कवि जब जंगल में लकड़ी काटेंगे, तब लकड़ी काटने का शब्द इनके असभ्य स्वरों से मिश्रित होकर वायुयान पर चढ़ दसों दिशाओं में ऐसा अद्‌भुत गान करेगा कि भविष्य के कलावन्तों के लिए वही ध्रुपद और मलार का काम देगा। चरखा कातने वाली स्त्रियों के गीत संसार के सभी देशों के कौमी गीत होंगे। मजदूरों की मजदूरी ही यथार्थ पूजा होगी। कलारूपी धर्म की तभी वृद्धि होगी, तभी नये कवि पैदा होंगे, तभी नये औलियों का उद्‌भव होगा। परन्तु ये सब के सब मजदूरों के दूध से पलेंगे। धर्म, योग, शुद्धाचरण, सभ्यता और कविता आदि के फूल इन्हीं मजदूर ऋषियों के उद्यान् में प्रफुल्लित होंगे।

रामविलास शर्मा

मार्क्सवादी चिन्तन की वैज्ञानिक वस्तुपरकता और जनपक्षधरता के आधार पर हिन्दी आलोचना के नये प्रतिमान-निर्माताओं में डॉ. रामविलास शर्मा का अन्यतम स्थान है। अपनी विवेचन-शैली एवं स्थापनाओं के कारण पर्याप्त विवादास्पद होने के बावजूद शुक्लोत्तर हिन्दी आलोचना के वे केन्द्रीय व्यक्तित्व हैं। आचार्य रामचन्द्र शुक्ल की आलोचना-भूमि का विस्तार करते हुए उन्होंने हिन्दी साहित्य की जातीय परम्परा और उसमें निहित प्रगतिशील मूल्यों का उद्‌घाटन किया। 10 अक्तूबर, 1912 को उन्नाव जिले के ऊँचगाँव-सानी में जन्मे डॉ. शर्मा का विद्यार्थी-जीवन झाँसी और लखनऊ में बीता। लखनऊ विश्वविद्यालय से अंग्रेजी में पीएच.डी. करके सन् 1943 तक वहीं अध्यापन किया। लखनऊ में ही निराला, अमृतलाल नागर, केदारनाथ अग्रवाल, गिरिजा कुमार माथुर तथा शिवमंगल सिंह 'सुमन' जैसे हिन्दी साहित्यकारों से सम्पर्क एवं सम्बन्धों का सिलसिला शुरू हुआ जो बाद में स्थायी मैत्री में बदल गया। इसी वर्ष डॉ. शर्मा वाज़िद अली शाह और अपनी तहज़ीब के लिए मशहूर लखनऊ को छोड़कर ताजमहल की नगरी आगरा के बलवन्त राजपूत कॉलेज में आ गये और 1971 में यहीं से रिटायर हुए। सन् 1971 से 1973 तक उन्होंने के.एम. मुंशी हिन्दी पीठ (आगरा) के निदेशक का कार्यभार सँभाला। सन् 1981 से मृत्युपर्यंत, यानी सन् 2000 तक वे दिल्ली में रहे। लगभग बीस वर्षों के दिल्ली-प्रवास में एक साधक का जीवन जीते हुए उन्होंने अनेक महत्त्वपूर्ण ग्रन्थों की रचना के द्वारा हिन्दी वाङ्मय को समृद्ध किया।

डॉ. रामविलास शर्मा की रचनात्मक, आलोचनात्मक और संगठनात्मक सक्रियता का क्षेत्र बहुत व्यापक है। उनके लेखन की शुरुआत कविता से हुई। अज्ञेय के सम्पादन में प्रकाशित 'तारसप्तक' में संकलित कविताओं के कारण उनकी पहचान एक कवि के रूप में उभरी। उन्होंने 'अगिया बैताल' और 'निरंजन' नाम से भी कविताएँ लिखीं। पहला काव्य-संग्रह 'रूप-तरंग'

शीर्षक से सन् 1956 में प्रकाशित हुआ। सन् 1960 में बुल्गेरियन कवि वप्सारोव की कविताओं को मिलाकर भूमिका के साथ 'रूप-तरंग' नये कलेवर में प्रकाशित हुई—'रूप-तरंग और प्रगतिशील कविता की वैज्ञानिक पृष्ठभूमि' नाम से। राजनीतिक भावबोध वाली डॉ. शर्मा की कविताएँ 'सदियों के सोए जाग उठे' संग्रह में शामिल हैं। डॉ. शर्मा ने उपन्यास एवं नाटक-लेखन में भी हाथ आजमाया। एक उपन्यास लिखा 'चार दिन'। 'सूर्यास्त', 'पाप के पुजारी', 'तुलसीदास' तथा 'कानपुर के हत्यारे' जैसे नाटक लिखे। इनमें से कुछ का मंचन भी हुआ, लेकिन उनकी पहचान एक कवि एवं आलोचक के रूप में ही उभरी। काव्य और आलोचना की समानान्तर यात्रा में धीरे-धीरे कविता छूटती चली गयी और आलोचना का क्षेत्र व्यापक होता गया। वे सन् 1949-1953 के दौरान 'अखिल भारतीय प्रगतिशील लेखक संघ' के महासचिव रहे और दो वर्ष (1958-1959) तक 'समालोचक' पत्रिका का सम्पादन किया।

साहित्य के अतिरिक्त भाषा, इतिहास, मार्क्सवाद तथा दर्शन—डॉ. शर्मा के अध्ययन, चिन्तन और लेखन के व्यापक क्षेत्र हैं। भाषा से सन्दर्भित 'भाषा, साहित्य और संस्कृति', 'भाषा और समाज', 'राष्ट्रभाषा की समस्या' तथा 'भारत के प्राचीन भाषा-परिवार और हिन्दी' जैसी पुस्तकें मील का पत्थर हैं। इतिहास में नवजागरण डॉ. शर्मा का विशेष क्षेत्र है। बंगाल और महाराष्ट्र के नवजागरण के समानान्तर उन्होंने हिन्दी नवजागरण की अवधारणा का सूत्रपात किया और स्थापना की कि हिन्दी नवजागरण ने ही उन्नीसवीं शताब्दी के नवजागरण को अखिल भारतीय या राष्ट्रीय आधार दिया। नवजागरण को केन्द्र में रखकर डॉ. शर्मा ने भारतेन्दु और महावीरप्रसाद द्विवेदी पर 'भारतेन्दु हरिश्चन्द्र और हिन्दी नवजागरण की समस्याएँ' तथा 'महावीरप्रसाद द्विवेदी और हिन्दी नवजागरण' जैसी महत्त्वपूर्ण पुस्तकों की रचना की। 'मानव-सभ्यता का विकास', 'प्रगतिशील साहित्य की समस्याएँ', 'मार्क्स और पिछड़े हुए समाज' तथा 'भारत में अंग्रेजी राज और मार्क्सवाद' जैसे ग्रन्थ हिन्दी भाषा में मार्क्सवादी ज्ञान-मीमांसा के अभाव की पूर्ति करते हैं। जीवन के अन्तिम वर्षों में वे वैदिक साहित्य और दर्शन पर काम कर रहे थे। उन्होंने वेदों की अपौरुषेयता के ठोस सामाजिक-आर्थिक आधारों को स्पष्ट किया। 'भारतीय साहित्य की भूमिका', 'पश्चिम एशिया और ऋग्वेद' और 'भारतीय संस्कृति और हिन्दी प्रदेश' जैसे ग्रन्थ हिन्दी की दुनिया का विस्तार करते हैं। 'गाँधी, अम्बेडकर, लोहिया' और 'भारतीय सौन्दर्य और तुलसीदास' जैसा बृहत् ग्रन्थ डॉ. शर्मा के चिन्तन की समकालीनता एवं सरोकारों का प्रमाण है। अपने

प्रिय कवि तुलसीदास पर उनका लेखन अधूरा रह गया। साहित्य अकादमी ने 'भारतीय सौन्दर्य-बोध और तुलसीदास' शीर्षक से इस अधूरे ग्रन्थ को प्रकाशित किया है।

साहित्यिक योगदान के लिए डॉ. रामविलास शर्मा को अनेक पुरस्कारों से सम्मानित किया गया जिनमें साहित्य अकादमी पुरस्कार, दिल्ली हिन्दी अकादमी का, 'शलाका सम्मान', उत्तर प्रदेश हिन्दी संस्थान का 'भारत-भारती' पुरस्कार और 'व्यास-सम्मान' मुख्य हैं। डॉ. शर्मा ने इन पुरस्कारों के लिए आभार व्यक्त किया, किन्तु पुरस्कारों से प्राप्त राशि को शिक्षा-प्रसार तथा पुस्तकालयों के लिए वापस कर दिया। वे साहित्य अकादमी की महत्तर सदस्यता तथा दिल्ली हिन्दी अकादमी के 'शताब्दी सम्मान' से विभूषित हुए। लगभग पैंसठ वर्षों के अनथक लेखन से डॉ. शर्मा ने जितना कार्य किया, उतना कर पाना संस्थाओं के लिए भी एक चुनौती है। उनका सम्पूर्ण लेखन एक विशिष्ट ढंग से हिन्दी का विश्वकोश है।

सन्त-साहित्य की ऐतिहासिक भूमिका

●

रामविलास शर्मा

भारत में अंग्रेजी राज कायम होने से पहले यहाँ साहित्य की जो देशव्यापी धारा प्रवाहित थी, उसे हम सन्त-साहित्य कहते हैं। इस धारा का स्रोत न तो राजदरबार थे, न मन्दिर और मस्जिद। इस धारा का स्रोत भारतीय जनता का हृदय था। सदियों से वर्णाश्रम धर्म और सामन्ती शासन की चट्टानों के नीचे जो धारा घुमड़ रही थी, वह मध्य-काल में हठात् फूट पड़ी और उसने कश्मीर से लेकर कन्याकुमारी तक, बंगाल से लेकर गुजरात तक इस देश की विशाल धरती को सींच दिया। इतने बड़े पैमाने पर तक मानव-इतिहास में किसी साहित्यिक धारा का प्रसार न हुआ था। यूरोप का भव्य रिनैसांस इसके सामने बहुत ही सीमित है। केवल बीसवीं सदी में समाजवादी विचारधारा से प्रभावित साहित्य देशों की सीमाएँ तोड़ कर उससे भी बड़े पैमाने पर फैला है। यह सच है कि यूरोप के इस पूँजीवाद ने विश्वव्यापी बाजार कायम किया और देशों का अलगाव खत्म किया, लेकिन यह पूँजीवाद पिछड़े हुए देशों की भाषा और संस्कृति को कुचलता था और खुद अपने घर में उसकी जनविरोधी असंगतियों के कारण दांते, शेक्सपियर, मिल्टन जैसे साहित्यकार बहुधा पूँजीवाद नैतिक मूल्यों का विरोध करके आगे बढ़े थे। भारतीय सन्त-साहित्य श्रमिक जनता से अलग उच्च वर्गों का साहित्य न था। उसके निर्माता किसानों और कारीगरों के वर्गों में पैदा हुए थे। इनके हाथों संस्कृत और फारसी से भिन्न, भारत की प्राचीन भाषाएँ, साहित्य के मंच पर प्रतिष्ठित हुईं। संस्कृत और फारसी का एकाधिकार खत्म हुआ। भारत का विराट् जनजागरण आरम्भ हुआ।

सन्त-साहित्य में बहुत-से भेद-उपभेद हैं। कोई सूफी, कोई वैष्णव है, कोई निगुर्णवादी है, कोई शैव है; लेकिन सभी में एक तत्त्व समान है—प्रेम। जायसी, तुलसी, मीरा, कबीर—इनसे प्रेम का तत्त्व निकाल दीजिए तो भेद-उपभेद बचे

रहेंगे, लेकिन मूल स्वर नष्ट हो जायेगा। इसलिए सन्त और भक्त का भेद करना भ्रम है। सन्तों और जायसी जैसे प्रेममार्गी कवियों में मौलिक भेद करना सही नहीं है। इस प्रेम के आधार पर ही हिन्दू और मुसलमान, छूत और अछूत— सब मिलकर एक हुए थे। कबीर निर्गुणवादी सन्त हैं तो भक्त भी। कहते हैं—

"भक्ति का मारग झीना रे।"

तुलसीदास भक्त कवि हैं तो सन्त भी! "मुदमंगलमय सन्त समाजू। जो जड़ जंगम तीरथराजू ॥" चाहे वह भक्ति हो, चाहे साधना, उसका मूल मन्त्र प्रेम है। कबीर के शब्दों में—

शून्य मरै अजपा मरै, अनहद हू मरि जाय।
राम सनेही ना मरै, कह कबीर समुझाय ॥

यह प्रेम आध्यात्मिक है या मानवीय? ऊपर से देखने पर मालूम होगा कि यह प्रेम आध्यात्मिक है और ये कवि ईश्वर के ध्यान में मग्न हैं। वास्तव मे प्रेम का 'रूप' ही आध्यात्मिक है, उसका 'अन्तस्' मानवीय है। मानव-मात्र की समानता, मानव-प्रेम यही उनके प्रेम का मूल सूत्र है। इसीलिए मानवता को ऊँच-नीच में बाँटने वाली, जाति, वर्ण और धर्म के नाम पर मानव से घृणा सिखाने वाली विचारधारा का वे विरोध करते हैं। सूर और तुलसी में राम और कृष्ण की कथा के माध्यम से प्रेम और भी स्पष्ट रूप से प्रकट हुआ है।

सन्तों के लिए संसार सत्य है या मिथ्या? उनके सैकड़ों पद ऐसे मिलेंगे जिनमें इस मिथ्या संसार से नाता तोड़कर शाश्वत् सत्य या परलोक से नाता जोड़ने का उपदेश दिया गया है। कुछ विद्वानों के लिए सन्त-साहित्य का यही मूल सन्देश है। वास्तव में यह मायावाद सन्त-साहित्य का सबसे कमजोर पहलू है। उसका ऐतिहासिक कारण यह है कि उस समय किसी क्रान्तिकारी वर्ग के नेतृत्त्व में देश की सामन्त विरोधी जनता का संगठन नहीं हुआ था। इसीलिए एक कल्पित आनन्द, कल्पित साधना द्वारा मनुष्य अपने हृदय को ढाँढ़स बँधाता था। सन्त-साहित्य का यह मायावादी रूप उसके सामन्त विरोधी, संघर्षप्रिय चुनौती देने वाले सामाजिक रूप से टकराता है, उसे सीमित करता है। फिर भी तुलसीदास की यह स्पष्ट उक्ति है—

झूठो है, झूठो है, झूठो सदा जग सन्त कहत जे अन्त लहा है।
जानपने की गुमान बड़ो तुलसी के विचार गँवार महा है ॥

सूरदास की गोपियाँ जब योग को कोसती हैं, तुलसी की ग्रामवधुएँ जब सीता से पूछती हैं—"कहाँ साँवरे से सखि रावरे को हैं?" जब मीरा विह्वल होकर गाती है—"अँसुअन जल सींचि-सींचि प्रेम बेलि बोई" —तब सन्त-साहित्य

की धारा मानव-प्रेम की ही प्रतिष्ठा करती है, वह इसी संसार में मनुष्य के परस्पर सुखद सम्बन्धों को गौरवान्वित करती है।

सन्त-साहित्य की प्रबल धारा ने समाज के ऐसे स्तरों को जगाया, जो सबसे पीड़ित थे और संस्कृति से वंचित थे। अछूत और नीच कहलाने वाले लोगों में सन्तों का जन्म हुआ। इन सब लोगों के लिए न मन्दिरों में जगह थी, न ही मस्जिदों में। इनका निर्गुणवाद मन्दिर, मस्जिद, वेद, पुराण और कुरान के विरुद्ध चुनौती बनकर आया है। वे मन्दिर-मस्जिद की सीमाएँ नहीं मानते। भले ही इनका द्वार उनके लिए बन्द हो, वे अपने हृदय में साहब का दर्शन कर लेते हैं।

सन्त साहित्य इन पीड़ित जातियों का क्रोध अच्छी तरह प्रकट करता है। सदियों का दबा हुआ सम्मान, सदियों का संचित अपमान कड़वी उक्तियों में फूट पड़ता है, भले ही उन्होंने उपदेश दिया हो—

ऐसी बानी बोलिये, मन का आपा खोय।
औरन को सीतल करै, आपहु सीतल होय।।

तुलसीदास ने अपने विरोधियों के लिए जिन विशेषणों का प्रयोग किया है, देखिये, वे कितने शीतल हैं? ऊपर 'गँवार महा है' की उक्ति एक मिसाल है। कबीर का तो कहना ही क्या? हिन्दू और मुसलमान होने का दम्भ करने वालों पर, ब्राह्मण और ऊँची जाति का होने पर गर्व करने वालों पर उन्होंने क्या-क्या वार किये हैं—

'साधौ पाँडे निपुन कसाई।
बकरी मारि भेड़ि को धाये, दिल में दरद न आयी।।'

सन्त-साहित्य हिन्दुओं और मुसलमानों को मिलाने वाला, उनकी धार्मिक कट्टरता की कटु आलोचना करने वाला, जाति-प्रथा और ऊँच-नीच का भेद मिटाने वाला साहित्य है।

सामन्ती समाज में पुरोहितों ने नारी मात्र को संस्कृति के चौके से बाहर कर दिया था। बहुत दिनों के बाद नारी ने इस चौके की सीमाएँ तोड़कर साहित्य के क्षेत्र में पैर रखा। मध्यकालीन भारत में नारी-जागरण की प्रतीक अमर गायिका मीरा हैं। सन्तों ने नारी को साधना में बाधक समझा; लेकिन सूर, तुलसी, चण्डीदास आदि कवियों ने उसके प्रति संवेदना प्रकट की और उसके प्रेम और सौन्दर्य के गीत गाये।

सन्त साहित्य नयी जातीय चेतना का साहित्य है। यह जातीय चेतना भाषा-प्रेम के रूप में प्रकट होती है। सन्त कवि संस्कृत और फारसी की तुलना में

भाषा के रस की प्रशंसा करते हैं। दिल्ली दरबार के खिलाफ भारत की जातियों ने जो संघर्ष किया, उससे सन्त-साहित्य का निकट सम्बन्ध था। सन्त कवियों ने दरबारी वीर-रस का मार्ग छोड़कर प्राचीन महाकाव्यों के आधार पर वीर-भावना का संचार किया। इसी उद्‌देश्य से मराठी के सन्त कवि समर्थ गुरु रामदास ने सुन्दरकाण्ड और युद्धकाण्ड की रचना की थी। तुलसीदास को धनुर्धारी राम इसीलिए प्रिय हैं। स्वामी रामदास ने दास-बोध में सैन्य-संगठन और किलेबन्दी पर भी रचनाएँ की हैं, पर सब सन्त-साहित्य के जातीय पक्ष का प्रमाण है।

सन्त-साहित्य ने कलात्मक सौन्दर्य को और विकसित किया। उनकी कला का मूल आधार लोक-संस्कृति थी। तुलसी और जायसी की चौपाइयाँ, कबीर के दोहे और साखियाँ, मीरा के भजन जनता के अपने साहित्यिक रूप थे। सन्त-कवियों ने अपनी ही गेयता, माधुर्य और सरलता से दरबारी साहित्य को परास्त कर दिया। आज गुण में भी कोई भी दरबारी कवि उनका मुकाबला नहीं कर सकता। उनके रूपक और उपमाएँ अनूठी हैं, विशेषकर तुलसीदास में थोड़े-से शब्दों में विराट् चित्र देने की अपूर्व क्षमता है। यही कारण है कि इन कवियों की सैकड़ों पंक्तियाँ जनता के कण्ठ में बस गयीं और उसकी लोक-संस्कृति का अंग बन गयीं।

सन्त साहित्य की यह ऐतिहासिक भूमिका है कि उसने सामन्ती बन्धनों का विरोध करके सहज मानवता की प्रतिष्ठा की, उसने जनता की जातीय और जनवादी चेतना को पुष्ट किया और उसके क्रोध, आशा और विजय कामना को वाणी दी। सन्त-साहित्य अंग्रेज साम्राज्यवादियों का यह दावा झूठा साबित करता है कि जब वे भारत में आये, तब वह देश असंस्कृत था। सन्त-साहित्य हमें वह जनवादी आधार देता है जिस पर नयी संस्कृति का प्रासाद बनाया जायेगा, ऐसी संस्कृति का, जिसका उद्‌देश्य जन-कल्याण होगा।

शरद जोशी

प्रसिद्ध व्यंग्यकार शरद जोशी का जन्म 21 मई, 1931 ई. को उज्जैन में हुआ था। इनकी प्रारम्भिक शिक्षा उज्जैन, नीमच तथा देवास में हुई और इन्दौर के होल्कर कॉलेज से इन्होंने बी.ए. की डिग्री प्राप्त की। व्यंग्य को विधा रूप में प्रतिष्ठित करने वाले गद्य शिल्पियों 'नवभारत टाइम्स' जैसे प्रतिष्ठित पत्र-पत्रिकाओं में स्तम्भ लेखन के द्वारा अपार ख्याति अर्जित की। इनके व्यंग्यात्मक निबन्धों के निम्नलिखित प्रसिद्ध संग्रह हैं—'परिक्रमा', 'किसी बहाने', 'जीप पर सवर इल्लियाँ', 'रहा किनारे बैठ', 'तिलस्म', 'दूसरी सतह', 'मेरी श्रेष्ठ व्यंग्य रचनाएँ, तथा 'हम भ्रष्टन के भ्रष्ट हमारे'। अपनी इन रचनाओं में जोशी जी ने बड़ी ही चुटीली भाषा में देश और समाज की विसंगतियों का अनावरण किया है। इनके व्यंग्यात्मक निबन्ध एक ओर सत्ता की विरूपताओं और विद्रूपताओं पर करारी चोट करते हैं, दूसरी तरफ शोषण, महँगाई, अपराध, बेरोजगारी और भ्रष्टाचार जैसी समाजिक बुराईयों पर भी बेहिचक प्रहार करते हैं। अपनी सम्पूर्ण साहित्यिक-यात्रा में वे भारतीय समाज की इन्हीं विसंगतियों से जूझते रहे।

इसी अध्यवसाय और निष्ठा ने शरद जोशी को हिन्दी गद्यकारों में विशेष महत्त्व का अधिकारी बनाया। हिन्दी के व्यंग्यात्मक निबन्धों में उपलब्ध सम्प्रेषण की समस्त विविधताओं, भाषिक अनूठेपन तथा शिल्पगत भंगिमाओं का समन्वित श्रेय शरद जोशी को दिया जाता है। उनकी व्यंग्य रचनाओं से गुजरना केवल विसंगताओं और गम्भीर रचनाओं की घुमावदार गलियों से भटकना ही नहीं है अपितु भाषा और शिल्प की एक चमत्कारी प्रदर्शनी की यात्रा भी है। इस अनूठे व्यंग्य-शिल्पी ने संवेदना के स्तर पर सदैव मानवीय मूल्यों का पक्ष लिया है। अपनी तीक्ष्ण उपहास-गर्भ में शरद जोशी वर्तमान परिवेश की विसंगतियों पर चोट करते हैं। 'नावक के तीर' जैसी उनकी सूक्तियों की मर्मस्पर्शिता

से हिन्दी पाठक पूर्णतः परिचित हैं। वाद-विशेष से सर्वथा निरपेक्ष जोशी जी का व्यंग्य-लेखन आम आदमी के जीवन का आईना है। व्यंग्य की परिधि को विस्तार देने वाले इस गद्य शिल्पी को हिन्दी जगत् ने समुचित सम्मान दिया और देता रहेगा। 4 सितम्बर 1981 ई. को शरद जोशी की लेखनी ने चिर विराम ले लिया।

अध्यक्ष महोदय

शरद जोशी

हर शहर में कुछ अध्यक्ष किस्म के लोग पाये जाते हैं। यह शहर के साइज पर निर्भर करता है कि वहाँ कितने अध्यक्ष हों। छोटे शहरों में एक या दो व्यक्ति ऐसे होते हैं जो हर कहीं अध्यक्षाई में लगे रहते हैं। इसका कारण शायद यह हो कि शेरवानी हर आदमी नहीं सिलवा पाता। जो सिलवा लेते हैं, उनकी अध्यक्षता चल निकलती है। शेरवानियाँ तो दूल्हों के लिए सिलती हैं या अध्यक्ष के लिए। पेशेवर अध्यक्षों के पास प्रायः दो शेरवानियाँ होती हैं। एक उसमें जरूर काली होती है। दो शेरवानियों से लाभ यह है कि अगर एक धुलने चली गयी तो भी वे अध्यक्षता से इन्कार नहीं करते। दूसरी पहन चले जाते हैं। सड़े टमाटर और अण्डे फेंककर दाद देने का रिवाज जब से चल पड़ा है, शेरवानियाँ धुलवाना हर मीटिंग के बाद फर्स घरी करवाने की तरह आवश्यक हो गया है। यों अध्यक्षों को शेरवानी धुलवाने का वक्त नहीं मिलता। मेरे शहर के पुराने अध्यक्षों की शेरवानियों में से एक विशेष प्रकार की गन्ध आने लगी है—अध्यक्षता की गन्ध। यह गन्ध फलों के हार और सिगरेट के धुएँ से मिलकर बनी है। यह गन्ध शेरवानियों से लगातार आती है और वे कस्तूरी-मृग से मगन रहते हैं।

अध्यक्ष के बारे में कहा जाता है कि वे चुने गये या बनाये गये होते हैं पर असली अध्यक्ष न बनाया जाता है, न चुना जाता है। वह पैदा होता है। नरगिस जब बेनूरी पर काफी रो लेता है तब आप शहर में जन्म लेते हैं। एक शहर में एक पूरी पीढ़ी एक अध्यक्ष को या तीन-चार अध्यक्षों के भाषण झेलती रहती है। लोग मरते जाते हैं और अध्यक्ष जीवित रह शोक-सभाओं में बोलता रहता है।

प्रायः अध्यक्ष गम्भीर किस्म का प्राणी होता है या उसमें यह भ्रम बनाये रखने की शक्ति होती है कि वह गम्भीर है। जिस शाम उसे अध्यक्षता करनी

होती है, वह तीन साढ़े तीन बजे से गम्भीर हो जाता है। कुछ तो सुबह नौ से गम्भीर हो जाते हैं। ठीक भी है। नौ बजे सुबह से गम्भीर हो जाने वाला व्यक्ति रात के आठ बजे तक मनहूस हो जाता है जो कि अच्छे अध्यक्ष होने की पहली शर्त है। अच्छा अध्यक्ष मनहूस होता है बल्कि कहना होगा मनहूस ही अच्छे अध्यक्ष होते हैं।

अध्यक्षता एक मर्ज है। लग गया यानी हमेशा के लिए। असली पेशेवर अध्यक्ष किसी सभा में तभी जाते हैं जब वे वहाँ अध्यक्ष हों। वे भीड़ में नहीं बैठ सकते। वे जब निमन्त्रित किये जाते हैं,यह मानकर चलते हैं कि वे अध्यक्ष होंगे। जिन सभाओं में यह घोषणा नहीं होती कि अध्यक्ष कौन होगा, उसमें वे आते हैं और आगे की पंक्ति में यों भोले बनकर बैठ जाते हैं जैसे महज श्रोता हों। जब उनका नाम प्रस्तावित होता है, वे आश्चर्य करते हैं और तकल्लुफ प्रदर्शन कर बाद में बन जाते हैं। बनाने वाले जानते हैं कि वे अध्यक्ष बनेंगे और वे जानते हैं कि उन्हें बनना है। हर सभा में जब तक माइक और अध्यक्ष फिट नहीं होते, सभा ठिठकी रहती है। माइक के सामने एक अध्यक्ष फिट किया जाना जरूरी है। पचास-सौ वर्षों बाद तो सभ्यता इतनी विकसित हो जायेगी कि खुद माइक वाला अपने साथ अध्यक्ष लायेगा और मंच पर फिट कर देगा।

अध्यक्ष बनने वाले कई तरह के अध्यक्ष बनते हैं। कुछ चौंककर अध्यक्ष बनते हैं, कुछ सहज अध्यक्ष बन जाते हैं, कुछ दूल्हे की तरह लजाते मुसकराते अध्यक्ष बनते हैं। कुछ यों अध्यक्ष बनते हैं, जैसे शहीद होने जा रहे हों। कुछ हेडमास्टर की अदा से अध्यक्ष बनते हैं और कुछ ऐसे सिर झुकाये बैठे रहते हैं जैसे मण्डप में लड़की का बाप बैठता है। अध्यक्षता करता अध्यक्ष प्रायः हर पाँचवें मिनट पर मुस्कराता है। ऐसा वह तब करता है जब इसकी कोई वजह नहीं होती। हर ढाई मिनट बाद सामने की पंक्ति में बैठे लोगों को और हर दो मिनट बाद महिलाओं को। इस बीच वह छत की तरफ देखता है। ठुड्डी पर उँगलियाँ फेर सोचता है कि शेव कैसी बनी? लगातार बदन खुजलाने और बार-बार टोपी सिर पर रखने-उतारने की आदत भी अध्यक्षों में देखी जाती है। कुछ अध्यक्ष वक्ताओं को निरन्तर आश्चर्य से देखते रहते हैं कि आखिर वह क्या कह रहा है, क्यों कह रहा है और कब तक कहेगा?

अध्यक्ष की एक विशेषता होती है कि वह देर से आता है। वह नहीं तो वक्ता देर से आता है। शायद दोनों तय कर लते हैं कि कौन देर से पहुँचेगा? कई बार दोनों आ बैठते हैं, तब श्रोता नहीं आते। जिस वस्तु पर कन्ट्रोल लग जाता है उसकी दुकान देर से खुलती है, भीड़ पहले लग जाती है। जो माल खुले

बिकता है, उसकी दुकान सुबह से खुलती है पर ग्राहक नहीं आता है। भाषण एक ऐसी दुकान है जो हर कहीं खुल जाती है, ग्राहक लापरवाह हो जाता है। बड़ा अध्यक्ष देर से आता है क्योंकि वह व्यस्त होता है। धन्यवाद देने वाले उन्हें इसी बात का धन्यवाद देते हैं कि इतने व्यस्त होने पर भी वे समय निकाल कर आये। जो शख्स पूरी जिन्दगी अध्यक्षताएँ करने का तय किये है उसका आभार माना जाता है कि उन्होंने अध्यक्षता करना स्वीकार किया।

अच्छे अध्यक्ष रेडीमेड अध्यक्ष होते हैं। वे किसी भी विषय पर बोल सकते हैं। सब विषयों पर वे एक ही अन्दाज से एक ही बात कहते हैं। उनके दिमाग की हालत उस नौ रतन चटनी की तरह हो जाती है जियमें काजू और किशमिश का स्वाद एक हो जाता है। सबमें एक-सा मजा आने लगता है।

अच्छे अध्यक्ष की अदा यह है कि वे प्रमुख वक्ता से असहमत हो जाते हैं। जैसे वक्ता ने अपने भषाण में कहा कि अभी रात है तो अध्यक्ष महोदय अपने भाषण में कहेंगे कि अभी मेरे विद्वान मित्र ने कहा कि इस समय रात है। और एक तरह से कहा जाता है कि क्या यही रात है? और इसे रात कहना ठीक होगा? वक्ता महोदय मुझे क्षमा करें, यह उनका दृष्टिकोण हो सकता है कि अभी रात है और हो सकता है कि अपनी जगह ठीक भी हों, फिर भी एक दूसरा सवाल मेरे सामने उठता है। क्योंकि अगर हम किसी समस्या पर विचार करने चले हैं तो उसके सभी पहलुओं पर ध्यान दिया जाये। तो जैसा वक्ता महोदय ने कहा कि रात है, मैं इसी सिलसिले में कहना चाहूँगा कि हमारी भारतीय संस्कृति में, आप कोई ग्रन्थ उठा लीजिए, गीता, रामायण, कोई ग्रन्थ उठा लिजिए, रात की एक परिभाषा दी है। हमारे प्राचीन ऋषि-मुनियों ने रात के विषय में विचार किया है, जाना है, परखा है और उसकी मर्यादा निश्चित की है। मैं पूछना चाहूँगा कि क्या हमारे प्राचीन भारत में रात नहीं होती थी? जी नहीं, जो लोग ऐसा कहते हैं तो मैं उनसे सहमत नहीं। यदि सूर्य हमारे देश में पहले उगता है तो रात भी यहाँ पहले होती है। इस मामले में भारत सदैव पश्चिम से आगे रहा है। ठीक है, मैं मानता हूँ कि समय बदला है, परिस्थितियाँ बदली हैं और जो बात कल थी वह आज नहीं है, फिर भी एक समस्या हमारे सामने खड़ी होती है कि क्या यह रात है? यह सच है कि सूरज डूब गया है और अन्धकार है, पर यही तो पर्याप्त आधार नहीं कि हम कह दें कि यह रात है। दृष्टिकोण में अन्तर हो सकता है, आप कुछ सोचते हैं, मैं कुछ सोचता हूँ, फिर भी एक बात हमें माननी होगी और मैं इस पर जोर देना चाहूँगा कि आज आप देश की स्थिति देख रहे हैं। जो कुछ हो रहा है हमारे सामने है। ऐसी स्थिति में यह यह कहना कि रात है, क्या समय

के साथ न्याय करना होगा? आप इन पर विचार करें। यह प्रश्न आज हम सबके सामने है कि क्या, जैसा कि हमारे सम्माननीय वक्ता महोदय ने कहा, यह रात है! और अगर एक बात मान भी ली जाये कि यह रात है तो मैं पूछना चाहूँगा कि दिन क्या है? शायद आप परेशान हो जायेंगे कि यह क्या सवाल खड़ा हो गया, पर यह सवाल है। आज देश के सभी सोचने समझने वाले, सभी बुद्धिजीवियों के सामने यह सवाल है कि क्या आप इस वक्त को रात कहेंगे? मेरे कहने का तात्पर्य यही है कि हम बात को ठण्डे दिल से सोचें और सभी पक्षों पर विचार कर निर्णय लें। मैं वक्ता महोदय का आभारी हूँ कि उन्होंने अपने ओजस्वी भाषण में यह कहकर कि इस समय रात है एक अत्यन्त सामयिक और गम्भीर समस्या की ओर हम सबका ध्यान खींचा है और हमें यह सोचने के लिए मजबूर कर दिया है कि क्या यह रात है? अन्त में आप सबकी ओर से वक्ता महोदय को धन्यवाद देता हूँ, उनके आज के विचारपूर्ण और सारगर्भित भाषण के लिए और मैं आभारी हूँ आप सबका कि आपने मुझे अध्यक्ष बनाया, यह सम्मान दिया और शान्तिपूर्वक सुना। इतना कहकर मैं सभा की कार्यवाही समाप्त घोषित करता हूँ क्योंकि अब रात काफी हो गयी है। धन्यवाद।

उसके बाद अध्यक्ष महोदय मुसकराने लगते हैं। गम्भीरता का जो बाँध उन्होंने सुबह नौ बजे से बाँधा था, एकाएक टूट पड़ता है और वे मुसकराते हैं। धीरे-धीरे सभा-भवन एक विचारहीन दिमाग की तरह खाली हो जाता है। सब घर चले जाते हैं।

अध्यक्षता करने के बाद अध्यक्ष सुख की नींद सोता है। नये-नये अध्यक्ष घर जाकर पत्नी को बताते हैं कि आज क्या हुआ और अपना पूरा भाषण दोहराते हैं। पर धीरे-धीरे पत्नी भी नगर के सामान्य नागरिकों की तरह बोर होने लगती है और नहीं सुनती। फिर वे भी चुप रहने लगते हैं। देर रात तक अपने भाषण पर खुद मोहित हो सो जाते हैं। उस उम्र तक उनकी बौद्धिक नपुंसकता अहं में बदल चुकी होती है। ये जानते हैं कि यह रात है पर फिर सुबह होगी, फिर कोई उन्हें अध्यक्षता के लिए बुलाने आयेगा। आता भी है। आयेगा नहीं तो जायेगा कहाँ!

बरसानेलाल चतुर्वेदी

15 अगस्त 1921 को मथुरा में जन्मे बरसानेलाल चतुर्वेदी के पिता का नाम जगन्नाथ चतुर्वेदी और माता का नाम चन्दा देवी था। डॉ. बरसानेलाल चतुर्वेदी हास्य के विख्यात कवि थे। बरसानेलाल चतुर्वेदी ने हास्य रस के छह भेदों को 'आत्मस्थ' और 'परस्थ' में विभाजित कर उसे बारह प्रकार का माना है। डॉ. बरसानेलाल को देखते ही मोटी बुद्धि वाले भी सही-सही अन्दाजा लगा लेते कि वे मथुरा के चौबे होंगे। अच्छा खासा कद, रंग के भूरे भक्क, मानो सफेद लक्स की चिकनी-चुपडी बट्टी हो। हँसमुख चेहरे पर चश्मा लगाये, चमकती-दमकती चप्पलों में गजराज से झूमते-झूमते आते, तो दूर से ही लोग अन्दाजा लगा लेते हैं कि डॉ. बरसानेलाल चतुर्वेदी आ रहे हैं। घर के भीतर हाथरसी लाल रंग का अंगोछा कमर में बाँधे और शरीर पर बनियान में दिखायी पड जाते तो जाति पूछने की जरूरत ही नहीं होती। सच मानो वे सौ टंच चौबे ही लगते थे। डॉ. साहब घर पर हों या बाहर आँखों पर हमेशा चश्मा चढाये रहते। गोरे-गोरे, गोल-गोल चेहरे पर चश्मा फब्ता भी खूब था। पान से भरा हुआ मुख, सफाचट्ट मूँछ, शाल ओढे दिखायी पड़ जाते तो नवोढा नायिका से लगते। उनसे बात करने का मौका हाथ लग जाता तो उनका चतुर्वेदीपन का लहजा साफ सुनायी पड़ता। मिठलौनी ठेठ ब्रज भाषा में जब अपनेपन की चासनी और चढ़ा देते तो सोने में सुहागा हो जाता। उनकी रसभरी बातों को सुनकर पराये भी अपने हो जाते। उनकी अपनत्व भरी और गम्भीरता से सनी बातों को सुनकर कोई यह नहीं कह सकता था कि वे हास्य के कवि हो सकते हैं। ऐसे विनोदी स्वभाव के चतुर्वेदी जी दिल्ली में घुस गये पद्मश्री पा गये। मथुरा से दिल्ली तक उनकी तूती बोलती रही। एक से एक ऊँचे सम्मान पाये। पुरस्कार पाये। जमीन से जुड़कर चले। वे आपा धापी, खींचा तानी और मनमानी के माहौल में तनावों से घिरे लोगों को, कुम्हलाये हुए चेहरों को, हँसी बाँटते हुए एक दिन चुपचाप हमसे हमेशा के लिए विदा हो गये। आज भी उनकी हास्य और व्यंग्य की रचनाएँ उन्हें हमारे सामने साकार कर जाती हैं।

चाटुकारिता भी एक कला है

●

बरसानेलाल चतुर्वेदी

चाटुकारिता का अर्थ है खुशामद। इस अद्वितीय कला को हम और भी नामों से पुकारते हैं, जैसे चापलूसी, चिलम भरना, चमचागिरी, मक्खनबाजी आदि।

इस कला का जन्म कब हुआ, इसकी निश्चित तारीख नहीं बतायी जा सकती, परन्तु यह अधिकारपूर्वक कहा जा सकता है कि यह एक प्राचीन कला है। आप पूछना चाहेंगे कि साहित्यकला, कविताकला, शिल्पकला इत्यादि पर जब प्राचीन ग्रन्थ मिलते हैं तो चाटुकारिता पर एक भी प्रामाणिक ग्रन्थ क्यों नहीं मिलता? दरअसल इस कला की यही विशेषता है, यह सर्वथा गुप्त कला है। प्राचीन चाटुकार जो इस कला के पारखी थे, उन्होंने इसे गुप्त ही रखा। वे नहीं चाहते थे कि इस महान कला का प्रचार भी अनधिकारी व्यक्तियों में हो जिससे इसका महत्त्व कम हो जाये। उनकी इतनी दूरदर्शिता होते हुए भी इस कला ने इतनी उन्नति की कि खुशामदकला के पारंगतों की संख्या जितनी आज है उतनी पहले कभी नहीं थी। क्या किसी भी कला के लिए यह कम गौरव की बात है?

चाटुकारिता हवा की तरह है, हवा चलती रहती है, पर उसका प्रत्यक्ष रूप नहीं होता। ठीक उसी प्रकार खुशामद होती रहती है, परन्तु दिखलाई नहीं देती। खुशामद करने वाला यह नहीं कहता कि वह खुशामद कर रहा है। जिसकी खुशामद की जा रही है, वह समझते हुए भी यही कहता कि उसकी खुशामद की जा रही है, और वही जो खुशामद कर रहा है तीसरे की खुशामद करने वाला बन जाता है। खुशामद का यह पहिया दिन-रात घूमता रहता है, बिना रुके, बिना ठहरे।

अंग्रेजी राज्य में इस कला की बड़ी उन्नति हुई। उन्होंने तो यहाँ तक किया कि इस कला में दक्ष होने वालों को सर्टिफिकेट तक देना प्रारम्भ कर दिया।

हमारे प्राचीन कवियों तथा शास्त्रकारों ने इस कला की हृदय से प्रशंसा की है। खुशामद करने वाला क्या नहीं कर सकता, उसके लिए क्या कठिन है?

इस सुवर्णरूपी पुरुषों से लदी हुई पृथ्वी का उपयोग चाटुकार ही कर सकता है। जीवन के हर पहलू में यह सफलता दिलाती है। आप दफ्तर में काम करते हैं। साहब के घर कभी-कभी जाइए। साहब यह पूछें—कहो, कैसे आना हुआ? तो दाँत निकालकर कह दो—हैं, सिर्फ आपके दर्शन करने चला आया। फिर देखिए, आपको वक्त पर तरक्की मिलती है या नहीं। जितना गुड डालिएगा, उतना ही मीठा होगा। यदि साल में दो बार तरक्की चाहते हैं, मनमानी छुट्टियाँ चाहते हैं, बिना काम छुट्टियाँ चाहते हैं, बिना काम किये ही नाम चाहते हैं तो खुशामद की तादाद बढ़ानी पड़ेगी। कभी एक टोकरी फल ले जाइए। यदि साहब कहें, भाई यह तो ठीक नहीं। फौरन कहिए—साहब, मैं खरीद के थोड़े ही लाया हूँ, कल ससुराल से आये थे, पत्नी ने जबर्दस्ती बच्चें के लिए भेजे हैं। लोग कहते हैं कि अमुक साहब तो बिलकुल खुशामद पसन्द नहीं करते, पर आप सच मानिए कि ऐसा हो नहीं सकता। रहीमदास जी ने कहा है,

नाद रीझि तन देत मृग, नर धन हेत समेत।
ते रहीम पशु से अधिक, रीझे हूँ नहीं देत।।

पशुओं में भी चाटुकारिता चलती है। "परस्पर प्रशंसति अहोरूपम् अहोध्वनिः।" ऊँट का विवाह था, गधे मेहमान थे, आकर ऊँट से बोले, "भाई, तुम तो आज बहुत खूबसूरत लग रहे हो।" ऊँट ने प्रेमपूर्वक कहा, "भाई गधे, तुम्हारा स्वर बड़ा मीठा है, आज तो गाना पड़ेगा।" लोगबाग तो देवताओं की खुशामद करने में नहीं चूकते। बेचारा आदमी क्या चीज है।

झूठ बोलना इस कला का मुख्य अंग है। झूठ बोलना बुरा है, यह कौन नहीं जानता? लेकिन साहब किस बुराई में अच्छाई नहीं होती? खुशामद-रूपी कमान में झूठी प्रशंसा रूपी तीर यदि निशाने पर बैठ जाये तो क्या कहना। चाटुकारिता के प्रमी तो यहाँ तक कहते हैं।

स्वामी दिन को रात कहें तो हम तारे दिखला देंगे।
अगर रात को दिन कहें तो हम सूरज दिखला देंगे।।

कहने का मतलब यह है कि जिसकी खुशामद की जाये उसकी 'हाँ' में 'हाँ' मिलाना भी एक कला है। जो नहीं कर सकते, उन्हें कठिन अवश्य मालूम पड़ेगा, निराश होने की बात नहीं।

चाटुकारिता के लिए अतिशयोक्ति करना बहुत आवश्यक है। नवाबों के बारे में तो यह प्रसिद्ध है कि उनके दरबार में इस कला के पारंगतों को ऊँचे ओहदों

पर रखा था। एक नवाब साहब थे। उनके दो खुशामदी थे। एक का नाम था हुसैनी और दूसरे का नाम था गफूर। नवाब साहब बैठे हैं। नवाब साहब शिकार खेलना चाहते हैं। यह प्रश्न है कि किसका शिकार किया जाये? हुसैनी कहता है कि हुजूर एक शिकार मेरी राय में है। वाह, कितना चालाक, दौड़ने में हवा को करता है। नवाब साहब, पूछते हैं कि भाईजान, जल्दी से उसका नाम बताओ। हुसैनी कहता है कि हुजूर, लोमड़ी का शिकार कीजिए। फौरन दूसरा खुशामदी कहता है, "हाँ हुजूर आज तक किसी ने वह शिकार नहीं किया। इतना कलेजा किसका है? हौसला चाहिए। यह शेर या चीते का शिकार नहीं कि गये और मार आये"। हुसैनी फिर कहता है, हुजूर, शेरों को भी नाकों चने लोमड़ी ही चबवाती है।" बस फिर क्या था, नवाब साहब मूँछों पर ताव देकर कहते हैं, मैं भी इस मनहूस से नाकों चने बिनवाकर दुनिया के सामने एक मिसाल रखूँगा।" हुसैनी कहता है, "हुजूर, सदके।" गफूर कहता है। "हुजूर, कुर्बान जाऊँ।" और फिर महफिल उठ जाती है। इस कला की जबानी मुगल काल के उत्तरार्द्ध में ही आयी।

इस कला के लिए हाजिर जवाबी बहुत आवश्यक है। खुशामद करने वाले को, जिसकी खुशामद की जाती है, उसकी नब्ज पहचाननी पड़ती है। यदि वह यह नहीं जानता तो उसकी किसी दिन कलई खुल सकती है। एक पण्डितजी थे। वे एक राजा साहब के मुँह लगे थे। खुशामद कला का थोड़ा-सा अभ्यास किया था। मौज करते थे। एक दिन राजा बोले, "पण्डित जी, बैंगन बहुत बुरा, न रूप न रंग का"। पण्डित ज़ी; तुरन्त मुँह बिचकाकर बोले, "महाराज उसे देखकर तो जी मिचलाता है। ऊपर भद्दी पूँछ भी निकली रहती है।" कुछ दिनों बाद राजा साहब ने फिर पण्डित जी से कहा, "पण्डितजी देखने में बैंगन अवश्य बुरा है, परन्तु खाने में तो स्वादिष्ट है" पण्डित जी तुरन्त बोले, "सो तो है ही महाराज, और देखने में ही बुरा कौन कहता है? नीलाम्बर रंग कितना सुन्दर लगता है। मस्तक पर मुकुट शोभायमान है अहा, क्या सुन्दर छवि बैंगन की।"

मेरी गली में एक तमोली की दुकान है। दिन-रात पान खाने वालों की भीड़ लगी रहती है। वह हर एक से खुशामद से पेश आता है। मास्टर साहब दुकान से निकलेंगे तो प्रिन्सिपल साहेब कहेगा। यदि मास्टर साहब यह कहें कि भाई, हम मास्टर हैं, हमें मास्टर कहा करो, वह फौरन कह देगा कि हुजूर अभी नहीं हैं तो चार दिन में हो जायेंगे। सिपाही निकलेगा उसे दरोगाजी कहेगा और हर बात में 'हुजूर-सरकार' का मक्खन सदैव लगता है। लोग बाजार की बड़ी दुकानें छोड़कर गली में इस तमोली की दुकान पर पान खाने आते हैं।

लेकिन अब इस कला का विकास हो गया है। अब भले आदमी भी उसका

उपयोग करते है, इसलिए परिष्कृत हो गयी है। सम्पादक भी यह जानते हुए कि प्रकाशक जो एक नम्बर के पूँजीपति हैं, उनकी बूढ़ी दादी की मृत्यु का सन्देश प्रथम पृष्ठ पर काला चौखट लगाकर अवश्य छापेंगे। प्रसिद्ध लेखक होना चाहते हैं, सम्पादक जी की खुशामद कीजिए। अच्छे लेखक का भले ही न करें, पर अपकी पहली रचना के साथ-साथ फोटो अवश्य प्रकाशित हो जायेगा।

चतुर व्यापारी भी इसका उपयोग करते हैं, शहर में नया अफसर आवा और वे पहुँचे। ''हुजूर, कोई तकलीफ तो नहीं है? आधी रात हुकूम भिजवा दीजिए। ताँगा भिजवा दूँ। डॉक्टर भिजवा दूँ।'' और फिर उनके ठाठ हैं। ''हरि अनन्त हरि कथा अनन्ता।'' कहाँ तक तारीफ की जाये। इस कला के विरोधियों की भी कमी नहीं है। आप जानते हैं कि लोग बुराई करने में चूकते नहीं। एक विचारक का कहना है कि ''भिन्न-रुचिर्हि लोकः।'' लेकिन समझदार लोग तो ''जैसे चले बयार पीठ तब तैसी दीजे'' के अनुसार काम करते हैं। उनका कहना है कि समय को देखकर जो उचित हो, वह करना चाहिए। यदि दिन दूनी रात चौगुनी उन्नति करना चाहते हैं, तो इस कला में पारंगत होना ही पड़ेगा। अन्त में यही लिखना काफी होगा—

''सकलथ पदारथ या जग माहीं, बिना खुशामद पावत नहीं।''

देवेन्द्रनाथ शर्मा

सन् 1918 में जन्मे आचार्य देवेन्द्रनाथ शर्मा पटना विश्वविद्यालय तथा दरभंगा संस्कृत विश्वविद्यालय के पूर्व कुलपति और केन्द्रीय हिन्दी शिक्षण मण्डल के पूर्व उपाध्यक्ष, संस्कृत तथा हिन्दी भाषा और साहित्य के मूर्धन्य विद्वान थे। शिक्षा और शैक्षिक प्रशासन, हिन्दी भाषा का प्रचार-प्रसार, भाषाविज्ञान और आलोचना, साहित्यिक-सांस्कृतिक संवर्धन और विकास के क्षेत्रों में अनेक संस्थाओं से आप सम्बद्ध रहे तथा उनकी गतिविधियों में सक्रिय योगदान किया। देश-देशान्तरों के शैक्षिक-सांस्कृतिक भ्रमण के अनुभवों से समृद्ध, हिन्दी भाषा और साहित्य के अन्तर्गत काव्यशास्त्र, भाषाविज्ञान, समालोचना, एकांकी, ललित निबन्ध आदि की दो दर्जन से अधिक पुस्तकों के लेखक, हिन्दी और संस्कृत की अनेक उच्चस्तरीय पत्रिकाओं के सम्पादक, लगभग पचास शोध-प्रबन्धों के निर्देशक आचार्य देवेन्द्रनाथ शर्मा हिन्दी के गौरव थे।

देवेन्द्रनाथ शर्मा की मुख्य कृतियाँ निम्नानुसार हैं—

निबन्ध : हिन्दी भाषा का विकास, तुलसी साहित्य : विवेचना और मूल्यांकन, भाषाविज्ञान की भूमिका, भाषा और भाष्य, पारिजात-मंजरी, छायावाद और प्रगतिवाद, आईना बोल उठा आदि।

नाटक : शाहजहाँ के आँसू, मेरे श्रेष्ठ रंग एकांकी।

अन्य : अमरभारती, खट्टा-मीठा, राजभाषा हिन्दी : समस्याएँ और समाधान, ब्रजभाषा की विभूतियाँ, साहित्य समीक्षा।

हिन्दी के गौरव आचार्य देवेन्द्रनाथ शर्मा का सन् 1991 में देहावसान।

साइकिल

●

देवेन्द्रनाथ शर्मा

आइए, आज आपको एक नयी बात बताऊँ! चौंकिये मत। मैं जानता हूँ कि एक दार्शनिक गम्भीरता से आप कह उठेंगे—'भलेमानस! संसार में नयापन है कहाँ, जो तू नयी बात बताने का दम्भ कर रहा है?' माना कि आपके कहने में भी सच्चाई है; पर बातें भले नयी नहीं हों, उनके देखने का दृष्टिकोण नया हो सकता है, उनकी व्याख्या नयी, नये ढंग से हो सकती है और यदि इतना भी हो सका तो बात नयी बन गयी। पेड़ से फल का जमीन पर गिरना कोई नयी बात है। सृष्टि के आरम्भ से बच्चों से लेकर बूढ़ों तक, अज्ञों से लेकर पण्डितों तक के लिए यह एक अत्यन्त साधारण बात रही है; किसी को इसमें कोई विचित्रता, कोई नयापन, कोई अजनबीपन नहीं दिखा। पेड़ से फल जमीन पर गिरता है, सदा से गिरता आया है। इसमें नयापन क्या है?पर जिस दृष्टि से औरों ने इस चीज को देखा था उसी दृष्टि से न्यूटन ने नहीं देखा। उसे यह बात अजीब-सी लगी। उसने सोचा—'अपनी टहनी से अलग होने पर फल नीचे ही क्यों आता है, ऊपर की ओर क्यों नहीं उड़ जाता?' इस ऊट-पटाँग और पागलपन से भरे प्रश्न पर एक मूर्ख भी हँस देगा। पर यह साधारण-सी बात भी न्यूटन के लिए एक गहन समस्या बन गयी। उसने इसको नये दृष्टिकोण से देखा, इसकी नयी व्याख्या की, 'आकर्षण का सिद्धान्त' निकाला और संसार में अमर हो गया। तो यह पेड़ से फल का गिरना कोई नयी बात नहीं है; पर 'आकर्षण का सिद्धान्त' अवश्य नया है, इसने संसार को एक नया दृष्टिकोण, एक नयी व्याख्या, एक नयी सूझ दी। इसका यह मतलब नहीं कि 'साइकिल' के सम्बन्ध में मैं भी कोई ऐसी बात कहने जा रहा हूँ जो मानवता के इतिहास में क्रान्ति मचा देगी और न्यूटन की तरह मैं भी अपने अभिनव सिद्धान्त के बल पर अमर हो जाऊँगा।

मैं अमर होऊँ या न होऊँ, यह बात बहुत-कुछ आपकी कद्रदानी और बुद्धिमानी पर निर्भर है, पर आपको एक नयी बात अवश्य दे रहा हूँ, इसमें कोई सन्देह नहीं, पर यदि उससे थोड़े ही कम महत्त्व का मैं अपने को अधिकारी मान लूँ तो आपको इसमें आपत्ति नहीं होनी चाहिए।

वक्तव्य के अनुपात से भूमिका ही लम्बी हो गयी पर क्यों कीजियेगा? हमारे युग का तो यह विशिष्ट धर्म ही है कि लिफाफा जितना बड़ा रहता है, काम ही बातें उतनी ही कम रहती हैं। हमारे लिए असलियत कम लामकाफ ज्यादा जरूरी है। घण्टों की बकवास में एक भी पते की बात निकल आये तो बहुत है।

पता नहीं, साइकिल के अनेक गुणों—उसकी अनुपम विशेषताओं पर आपने ध्यान दिया है या नहीं? सम्भवतः नहीं ही दिया होगा। एक दिन मैं कहीं चला जा रहा था कि सहसा मुझे ऐसा लगा, जैसे मैंने कोई अद्‌भूत सत्य पा लिया। मैं समझता हूँ, अब तक संसार में जितने महान् वैज्ञानिक आविष्कारक उत्पन्न हुए हैं उनमें साइकिल के आविष्कार का स्थान सर्वोच्च तो नहीं अत्यन्त महत्त्व का अवश्य है। मैं उसकी कुछ विशेषताओं की ओर आपका ध्यान आकृष्ट करूँ।

यह अर्थ-युग है, इसलिए पहले आर्थिक विशेषता ही देखिए। हाथी रखिए, चारा जुटाते-जुटाते परेशान हो जाइएगा। इतना खानेवाला दूसरा कोई जानवर नहीं। पहले तो आसपास के पेड़ों के पत्ते-डालियाँ साफ, ऊपर से पाँच से दस सेर तक प्रतिदिन चावल। जरा सोचिए, पच्चीस से पचास आदमियों का राशन एक हाथी खा जायेगा! आये दिन चावल की कमी से लोग भूखों मरें और दर्जनों आदमियों के राशन का चावल एक हाथी के उदर में चला जाये। उस पर भी सवारी करें तीन-चार आदमी, वह भी छठे-छमाहे! बाज आये ऐसी सवारी से! घोड़ा? उसकी भी लगभग वही अवस्था। ठीक से खिलाया जाये तो रोज दो-तीन रुपये की घास और इसके बाद दो-चार सेर दाना। न खिलाइए तो हाथी भी मर जाये, घोड़ा भी चीं बोल दे। मोटर? पेट्रोल की तबाही का क्या कहना और वह भी आज की तंगी के समय में। बहुतों की मोटर गैराज में पड़ी-पड़ी बर्बाद हो गयी और काम के लायक पेट्रोल नहीं मिला। हवाईजहाज पर बहुतों को बहुत गर्व है। सभ्यता के इतिहास में, सुनते हैं, उसका अपना स्थान है। पर दैत्य के पेट की ज्वाला के समान उसके इंजन में जो अपरिमित पेट्रोल की खपत है उससे तो साहस टूट जाये। रेल तो जैसे सारे संसार के कोयले को स्वाहा करने के लिए ही उत्पन्न हुई। किस-किसको गिनाऊँ? संक्षेप में सही कह दूँ कि संसार में अब तक कोई ऐसी सवारी नहीं निकली जो बिना खाद्य के चल सके; वह खाद्य, पेड़ की छाल, पत्ती, घास, चावल, कोयला या पेट्रोल, जो भी हो। पर साइकिल ही

एक, एकमात्र ऐसी सवारी है जिसमें न तो जमीन की हरियाली को खत्म करने की जरूरत है, न पेड़ों की डाल-पत्तियों को; न दर्जनों आदमियों के राशन के चावल का खर्च है, न सैकड़ों गैलन पेट्रोल का, और न टनों कोयले का। जिसके खिलाने-पिलाने, पालने-पोसने, रखने-चलाने में एक कौड़ी का खर्च नहीं हो ऐसी साइकिल के अलावा और किसी सवारी का नाम आप जानते हों तो बतायें! क्या उसकी एक यही खूबी उसकी अद्वितीयता प्रमाणित करने के लिए पर्याप्त नहीं है? विज्ञान के इतिहास में साइकिल का आविष्कार एक आश्चर्यजनक घटना है।

फिर देखिए। हाथी जैसे विशालकाय पशु के रहने के लिए कितने स्थान की आवश्यकता है। जितनी लम्बी-चौड़ी जगह, उतना ही ऊँचा मकान। और, उसमें रहता है केवल एक जानवर! घोड़े के लिए अस्तबल की वैसी ही जरूरत। यदि घोड़े के साथ फिटन, ताँगा टमटम रहा तो और मजा। मोटर के लिए गराज; मकान का एक हिस्सा यों ही बेकार बना रहता है। हवाईजहाज के लिए तो पूछिए ही मत। हजार बीघे जमीन, जो पैदावार के काम में आ सकती थी, परती पड़ जाती है। सारांश यह है कि सवारियों के रहने या रखने में कितना तूल-तबील, कितनी झंझट और कितनी बर्बादी है; पर साइकिल के लिए न तो हाथीसार चाहिए, न अस्तबल, न गराज, न हजारों बीघे का मैदान। घर के किसी एक कोने में डाल दीजिए; निश्चिन्त पड़ी रहेगी।

एक हाथी किसी तरफ से जाये, शोर मच जायेगा—'हाथी जा रहा है, हाथी जा रहा है।' घोड़े की टाप तो अपनी सूचना आप देती है! मोटर की हड़हड़-खटखट, भों-भों तो जैसे शान्ति भंग करने का ठेका लिये हुए हो। सारे शहर को जगा देने के लिए ही हवाईजहाज पर्याप्त है। पर साइकिल बगल से निकल जाये। आपको पता नहीं। आवाज भी हो तो टुन-टुन-टुन-टुन; कितना मधुर संगीत! न शोर-गुल, न हल्ला-गुल्ला!

कीमत की बात लीजिए। हाथी में हजारों-हजार—आजकल की तो चर्चा ही न कीजिए। घोड़े में सैकड़ों का वारा-न्यारा। मोटर हजारों क्या लाखों में एक की शक्ति की पहुँच के भीतर। हवाईजहाज इने-गिने व्यक्तियों को ही उपलब्ध है, और साइकिल? अमीर-गरीब, छोटे-बड़े, सबको सुलभ; जज-सदरआला, डिप्टी-मुन्सिफ, प्रोफेसर-मास्टर, धोबी-हज्जाम, कुली-कबाड़ी, नौकर-अरदली, सब पर सम दृष्टि रखनेवाली। सच पूछिए तो भारतवर्ष में साम्यवाद का रूप ठीक-ठाक दो ही चीजों में देखने को मिलता है, एक साइकिल में और दूसरा शराबखाने में, जहाँ ऊँच-नीच, छोटे-बड़े का भेद नाम को भी नहीं है। साइकिल से तो 'सुरसरि सम सब कर हित होई।'

भारतीय प्रगति के समान अत्यन्त मन्द गति से चलने वाली बैलगाड़ी की बिसात ही क्या? हाथी की मंथर चाल तो साहित्य में अजर-अमर है। ऊँट की ऊबड़ खाबड़, बेतरतीब चाल मनोविनोद की ही वस्तु है। घोड़ा तेज दौड़ सकता है, पर साइकिल उससे ज्यादा पीछे नहीं रहेगी। मोटर की तरह घण्टे में तीस-चालीस मील की दौड़ वह भले ही न लगाये पर दस-बारह में तो कोई सन्देह नहीं। और ये दस-बारह मील ही कहाँ के कम होते हैं।

हाथी या बैलगाड़ी, ताँगा या मोटर के लिए कितनी चौड़ी सड़क की जरूरत पड़ती है। तंग सड़क पर यदि आमने-सामने से दो की मुठभेड़ हो गयी तो बस हुआ! देहात की पतली सड़कों पर जहाँ एक ही बैलगाड़ी के लिए मुश्किल से जगह रहती है, कभी संयोगवश आमने-सामने दो बैल-गाड़ियों के आ जाने से जो विचित्र दृश्य उपस्थित हो जाता है, वह दर्शनीय होता है। दोनों गाड़ीवान एक-दूसरे को ललकारते, फटकारते, दोषी ठहराते, बगल करने को बक-झक करते कितना समय बर्बाद करते हैं, और कभी-कभी तो लाठी से ही फैसला हुआ करता है। रेल की राह के लिए लाखों वर्गमील फँसा हुआ है, और वह भी इतनी पराधीन कि उससे जरा भी इधर-उधर नहीं चल सकती। पर साइकिल बेचारी में यह कोई परेशानी नहीं । एक बित्ते की मेंड़ भी उसके लिए पर्याप्त है। जितनी दूर में एक ताँगा या मोटर चलेगी, उतनी में चार साइकिलें अलग-अलग चल सकती हैं। स्थान की इतनी बचत है!

एक्सिडेण्ट की दृष्टि से सबसे निरापद कोई सवारी है तो साइकिल। घोड़े से गिरे तो अंग-प्रत्यंग चूर-चूर। हाथी से गिरने पर कमर टूट जाय, यदि मतवाला होकर भागा तो जान गयी। मोटर में सदा जान के लाले हैं! हवाईजहाज के ऐक्सिडेण्ट से बचने वाले विरले ही भग्यवान सुने जाते हैं। रेलगाड़ी में दो-चार की बात ही क्या, सैकड़ों-हजारों की एक बार सफाई होती है। साइकिल ऐक्सिडेण्ट से यदि कोई अंग जरा छिल गया तो बहुत हुआ। साइकिल से किगरकर किसी की मृत्यु होते आपने नहीं सुनी होगी, यह निश्चित है। यदि सुना हो तो समझ रखिये वह व्यक्ति साइकिल से नहीं, किसी दूसरी दानवी सवारी की चपेट में आकर मरा होगा। साइकिल जैसी निरीह, भद्र सवारी से ऐसे दुष्कर्म की आशा ही नहीं की जा सकती।

रेल इंजिन खराब हो गया तो घण्टों लेट, हजारों व्यक्ति तबाह। बैलगाड़ी का धुरा टूट गया, बैल गिर पड़ा तो लोथ हो गये। रास्ते में मोटर बिगड़ गयी तो चलिये कोई दूसरी सवारी ढूँढ़िए। घोड़ा यदि अड़ गया तो घण्टों 'बाबू, दादा, राजा' कहकर पुचकारते रहिये, आरजू-मिन्नत करते रहिये। हवाईजहाज बिगड़ा

तो जान से ही हाथ धोइये, पर यदि साइकिल खराब हुई तो धीरे से उतर जाइए, हैंडिल पकड़ लिजिए। वह सती-साध्वी स्त्री की तरह वंशागत भाव से आपका अनुसरण करती चली चलेगी। उसके कारण न तो आपकी बुद्धि को हैरान होने की आवश्यकता, न आरजू-मिन्नत करने की जरूरत, न जान जाने की सम्भावना।

साइकिल की एक जबर्दस्त खूबी का परिचय मिलता है रेलवे क्रॉसिंग पर, जब गाड़ी के आने की प्रतीक्षा में फाटक बन्द कर दिये जाते हैं। हाथी, घोड़े, मोटर, फिटन, ताँगा, बैलगाड़ी, सबका ताँता लगा रहता है। सभी एकटक, प्रतीक्षा की आकुलता के साथ फाटक पर नजर गड़ाये रहते हैं, फाटक कब खुले; कब खुले, जैसे किसी देवता के प्रकट होने की राह देख रहे हों। उनका एक-एक क्षण विरह की घड़ी-सा दुर्वह बना खड़ा रहता है। और, साइकिल लिये कोई जाता है। मोटर-फिटन में बैठे हुए, निराशा और बेबसी से फाटक पर नजर गड़ाये बाबुओं को एक विजय की मुस्कान से देखता हुआ, उसकी विवशता का आनन्द लेता हुआ, वह दोनों हाथों से अपनी सवारी उठाकर फाटक के पार रखता और सर्र-से चल पड़ता है। वे बाबू उसकी ओर ईर्ष्या-भरी दृष्टि से देखकर रह जाते हैं। खाई-खन्दक, बाँध-नाला, ऊँचा-नीचा, कैसा भी बीहड़ पथ हो, पर साइकिल वाले के लिए समतल ही है।

संसार की सभी वस्तुओं के अन्तिम और अनिवार्य परिणाम की दृष्टि से भी विचार कर लीजिए। हाथी मरे तो छाती फट जाये। घोड़-बैल की मृत्यु कमर तोड़ दे। मोटर की बर्बादी में हजारों का सवाल है। रेल और हवाईजहाज के नुकसान की तो चर्चा ही व्यर्थ है। पर साइकिल का सर्वनाश थोड़ी देर के अफसोस तक ही सीमित। जिसके रहने पर हर तरह की सुविधा, सब प्रकार के आराम, और जाने पर कोई गम नहीं, ऐसे दो विरोधी गुण साइकिल में ही देखे जा सकते हैं। संसार में जिस वस्तु से हमारा जितना हित-साधन होता है उसके नहीं रहने पर उतना ही कष्ट होता है; पर साइकिल इस व्यापक सांसारिक नियम का जैसा अद्वितीय अपवाद है। ऐसी है यह दो पहिये की हल्की-फुल्की सवारी! निराली, अनुपक, अद्वितीय!

विद्यानिवास मिश्र

विद्यानिवास मिश्र जी का जन्म माघ कृष्ण 14, सन् 1925 में गोरखपुर जिले के पकड़डीहा गाँव में सरयू पारीण ब्राह्मण कुल में हुआ था। आपने प्रयाग विश्वविद्यालय से संस्कृत साहित्य से एम.ए. की परीक्षा पास की, परन्तु पं. श्री. नारायण चतुर्वेदी और श्री राहुल सांकृत्यायन की प्रेरणा से सेवा हिन्दी की ही की। आप अंग्रेजी, संस्कृत, हिन्दी आदि अनेक भाषाओं के प्रकाण्ड विद्वान थे। देश-विदेश में बहुत घूमे हुए, अनेक महत्त्वपूर्ण पदों को सुशोभित कर चुके विद्यानिवास मिश्र सांस्कृतिक गरिमा सम्पन्न प्रभूत निबन्ध साहित्य के प्रणेता, भाषा विज्ञानी और प्रतिष्ठा और प्रतिष्ठित पत्रकार, सम्पादक रहे हैं। आपकी मृत्यु एक मोटर दुर्घटना में 14 फरवरी, 2005 में हुई।

मिश्र जी को ललित निबन्धकार के रूप में विशेष प्रसिद्धि मिली। सांस्कृतिक विरासत के प्रति अहोभाव, लोकजीवन में आस्था और गहरी मानवतावादी दृष्टि आपके निबन्धों को विशिष्ट बनाती है। आपके निबन्धों में कहीं-कहीं परम्परा के प्रति अतिशय लगाव दिखायी देता है, लेकिन अपने परिवेश के प्रति सजगता भी दिखायी है। व्यथा और निराशा में समकालीन बोध व्यंजित होता है। आप संस्कृत शब्दावली के साथ लोकजीवन में प्रचलित देशज शब्दों एवं भोजपुरी कहावतों को गूँथते जाते हैं, लेकिन भाषा की प्रवाहिता को नुकसान नहीं होने देते।

मिश्र जी ने सांस्कृतिक-ललित निबन्ध लिखे हैं, लेकिन आपके निबन्ध हजारीप्रसाद द्विवेदी और कुबेरनाथ राय के ललित निबन्धों से भिन्न हैं। पश्चिम के साहित्यों और संस्कृतियों के गहन परिचय ने इनकी भारतीयता को और अधिक पुष्ट किया है। आपके निबन्धों में परम्परा और आधुनिकता के बीच सार्थक संवाद मिलता है तथा चिन्तन में सर्वत्र मौलिकता दिखायी देती है। आपके निबन्ध शिक्षा, भाषा, साहित्य, संस्कृति आदि से सम्बद्ध हैं। इनमें 'गाँव का मन', 'छितवन की छाँह', 'मेरे राम का मुकुट भीग रहा है', 'तुम चन्दन हम पानी', 'शेफाली झर रही

है', 'वसन्त आ गया है पर कोई उत्कण्ठा नहीं', 'आँगन का पंछी और बनजारा मन', 'परम्परा बन्धन नहीं,' आदि प्रसिद्ध संग्रह हैं।

'मेरे राम का मुकुट भीग रहा है' यह निबन्ध-संग्रह सन् 1974 में प्रकाशित हुआ। इसमें लेखक विचारों के प्रति लिखते हैं, "आज इतने चौराहों पर जो मूर्तियाँ स्थापित हो रही हैं और दूसरे दिन वे ही भूलुण्ठित की जा रही हैं, इसके पीछे मृत्यु पूजा का भाव और भय काम कर रहे हैं। जो चला गया, उसकी पार्थिव आवृत्ति इतिहास के लिए जरूरी है, पर उसकी पूजा क्यों? पूजा हो तो उसके वैचारिक रूप की पूजा हो, जीवन में जो रूप आत्मसात् हुआ है, उसकी पूजा हो। जो रीत गया, फूट गया, उसकी पूजा क्यों हो? राम के विषय में इसी निबन्ध में कहते है कि राम रचना नहीं, कल्पना नहीं, इतिहास नहीं, मूर्ति नहीं, रचना की प्रक्रिया, कल्पना की छटपटाहट है, इतिहास की बदलती हुई व्यवस्था है। मूर्ति अधूरेपन की जागरूक स्मृति है। लेखक का कहना है कि राम अयोध्या से लौटें न लौटें, हमें क्या मतलब? हमें तो राम की लीला में अपने को कहीं स्थापित कर देना है।

मेरी रूमाल खो गयी

●

विद्यानिवास मिश्र

पता नहीं लोग कभी-कभी मेरी भी याददाश्त की तारीफ कैसे करने लगते हैं, जबकि हालत यह है कि कोई सफर ऐसा नहीं जाता जिसमें कोई-न-कोई चीज कहीं-न-कहीं गुम न हो : कभी धोती, कभी गिलास, कभी जूता, कभी शीशा, कभी कलम, कभी किताब गरज कि जिस सफर में मैं अक्षत बचकर चला आता हूँ उसको घर के लोग दुर्घटना मानते हैं। घर पर भी दिन में कई बार तो कलम गायब होती है, पिछले लिखे लेख तो जब उनकी जरूरत पड़ती है तो कभी मिलते ही नहीं। बड़ी झुँझलाहट होती है कि आखिर इतना गड़बड़झाला हो कैसे जाता है। चिट्ठी-चौपाती के बारे में तो और भी बुरा हाल है। एक-एक पखवारे बाद जब बीस-पच्चीस चिट्ठियों का जवाब लिखने बैठता हूँ तब देखता हूँ कि चिट्ठियों की बात याद भी है तो पते गायब हैं, पता भी लिख गया तो हफ्तों तक चिट्ठी जेब में पड़ी रह जाती है, डाक के बम्बे तक नहीं पहुँच पाती। अगर किसी दूसरे आदमी के सिर पर शामत सवार हुई और उसने मुझे चिट्ठी-रसाँ बनाया तो उसकी चिट्ठी सही-सलामत फिर उसको ही वापिस मिल जाती है यही बहुत गनीमत होती है। यों सौदा-मुलुफकी कोई खास जिम्मेदारी निभानी नहीं पड़ती, पर यदि गया भी तो निश्चय है खरीदारी और जरूरत में कोई खास मेल नहीं होने पाता है। कभी-कभी सुयोग्य गृहिणी ने एहतियात के लिए मेरी इस भुलक्कड़ प्रकृति पर नियन्त्रण पाने के लिए पुराने नुस्खे आजमाये हैं, मसलन रूमाल में ही गाँठ बाँध देगा। पर अमूमन हुआ क्या है कि रूमाल निगोड़ी ही रास्ते में गिर गयी है और जिस चीज की याद गाँठ में बाँधी गयी थी उसकी तो फिर चर्चा ही क्या!

ऐसी कितनी रूमालें खोयी हैं यह मुझे क्यों याद हो, पर आज प्रसंग ऐसा उपस्थित हो गया कि रूमाल खोने की घटना कुछ बड़ी दीखने लगी है। हफ्ते-भर

से मेरे एक अत्यन्त सुव्यवस्थित मित्र तगादा पर तगादा कर रहे हैं कि एक ललित निबन्ध लिखकर दो, बस ऐसा कि तबीयत फड़क उठे, बिलकुल अछूता विषय हो और हो एकदम टटका, तुरन्त के मथे नवनीत की तरह हृद्य और ताजे फूल की तरह महमहाता। तब मैंने अपने दिमाग की एक-एक कोठरी के कागज-पत्र उलटने शुरू किये कि कहीं कोई ललित निबन्ध की बात सूझ जाये। पर वहाँ तो दुर्व्यवस्था का ऐसा सुव्यवस्थित साम्राज्य है कि नयी उद्भावना हो भी तो समय पर मिले नहीं। वही 'असमये मतिरुन्मिषति ध्रुवं' वाली बात है। खीजकर मन रीत गया, जेठ के तीसरे पहर की बतास की तरह। निढाल होकर पड़ रहा, नींद आ गयी, सपनों का जाल तना : रूमाल रास्ते में गिर गयी है और मैं रिक्शा मोड़कर कई सौ गज तक सारी सड़क छानता हूँ, हर एक राहगीर से पूछता हूँ, रूमाल नहीं मिलती—इसी झुँझलाहट में नींद उचट गयी। जगा तो फिर वही ललित निबन्ध वाला तगादा। तब मुझे लगा कि यह तो मेरे समूचे जीवन का अभिशाप है। यह रूमाल ऐसी-वैसी नहीं है, यह तो मेरी जीवन-यात्रा का वास्तविक संकल्प है जिससे मैं बार-बार बिछुड़ जाता हूँ। मेरी किस्मत ने मेरी मस्ती की रूमाल में कोई गाँठें बाँधी थीं, इसलिए कि शौकीन तबीयत का आदमी है, सुरभि की कामना से न भी सही, मात्र रास्ते की दुर्गन्ध से बचने के लिए तो रूमाल निकालेगा ही, निकालते ही गाँठ पर नजर पड़ेगी। पर किस्मत को क्या पता कि ऐसे लापरवाह आदमी से पाला पड़ा है जो रूमाल ही गायब कर देगा। अब लाख सिर मारता हूँ, खयाल नहीं आता कब और कहाँ यह रूमाल गिरी। किसी ने झटकी नहीं इतना तय है क्योंकि अकेले ही रिक्शे पर सवार हुआ था। रिक्शे की सवारी मेरे जीवन का एक अत्यन्त आवश्यक अंग है, शायद सबसे बड़ा ऐश और व्यसन भी। सो रिक्शे से बीच में कहीं किसी के घर उतरा भी नहीं, जरूर कहीं रास्ते में गिरी ही होगी। किसी को रूमाल मैंने दी भी नहीं, यों भी देने लायक वह थी कहाँ! खादी की सफेद-सी रूमाल, कोई उस पर कसीदा भी नहीं, चन्दन के चूर्ण से वासित जरूर थी, पर और कोई खास बात तो थी नहीं कि मैं उसे किसी को भेंट करता। तो आखिर कहाँ गिरी?

एक-एक मोड़ ध्यान में आता है। अभी उस रंगीन दुकान पर रिक्शा रोककर पान खाया था तब भी शायद थी। स्मृतियों की रील जल्दी-जल्दी उधेड़ना शुरू करता हूँ, उतावली में तह बिगड़ती चली जाती है, पर ठीक-ठीक वह बिन्दु नहीं मिल पाती जबकि ठीक-ठीक कहा जा सके कि रूमाल नहीं थी। देखिए न अभी जब मैं पहले चौराहे पर था तब तो थी। मेरे सामने से पोस्टमार्टम से लौटी हुई लाश गुजरी—वह लाश मेरी ही लालसा की लाश थी—लालसा क्यों अकाल कालकवलित

हुई, इसकी मीमांसा में कई दिन लग गये पर कारण की तशखीश नहीं हो सकी, अन्त में उसे दफनाने को भेद दिया। पर मेरी रूमाल तब थी, क्योंकि मैंने उसे नाक पर लगायी नहीं कि लाश की सड़ाँध का प्रत्याख्यान हो गया। रूमाल की सुरभि ने संकेत दिया कि लालसा की लाश रास्ते में मिली यह तो सगुन ही हुआ क्योंकि इस लाश के साथ कोई रोने वाला न था। आगे का रास्ता मंगलमय है। वह लालसा नहीं पूरी हुई, कोई बात नहीं, यह नैराश्य ही फल देगा।

और मैं इत्वरता के तीर्थ, राजोद्यान में दाखिल हुआ। रूमाल हाथ में रखी। एक से एक खुशबू वाले फूलों की कतार से मनका चौक पूर गया। रिक्शेवाले से कहा, जरा धीरे चलो। हरेक कोने की महक आने दो और हर एक महक को तहिया के रखने दो। जब बाग में दूब पर कुछ क्षण बैठे बिना रहा नहीं गया तो रिक्शेवाले के बड़बड़ाने के बावजूद काफी अरसे तक दूब पर बैठा भी रहा। स्वदेशी राज के मालियों की लापरवाही ही कहूँगा, पता नहीं कहाँ से उस मखमली बिछौने पर बगल के नील काँटे की बाड़ से झरकर काँटे बिखर गये थे। हाथ में बुरी तरह चुभे, खून निकल आया, उसी रूमाल से मैंने उँगली बाँधी। तब तक तो रूमाल थी ही। सरकारी नौकरी का शूल चुभकर भी क्षणिक दर्द देकर रह गया। ललित निबन्ध के पाने में मैंने रूमाल भिगोयी थी। इतने तक तो अत्यन्त अवदात स्मृति है, फिर रूमाल कहाँ गायब हुई?[1]

इस आरण्यक आश्रम में जाने पर मैंने अपना रिक्शा रोका और तब मुझे ऐसा लगा कि शायद यहीं मेरा कोई काम है। नया काम है, यह टटोलना चाहा तो फिर रूमाल का ध्यान आया, क्योंकि काम तो रूमाल की गाँठ के साथ बँध गया था। जेब में हाथ डाला तो रूमाल गायब; रिक्शेवाले को पुकारा, बड़ी मुश्किल से वह मुड़ा, उसने ही कोना-अँतरा झाड़कर दिखा दिया, रूमाल का पता नहीं चला। रिक्शावाला वैसे ही ऐसी उजबक सवारी से खीझ चुका था, उसने पैडिल पर पैर मारे और ओझल हो गया। अब गन्तव्य स्थान पर पहुँच गया, इतना निश्चय लेकर करूँ क्या, शहद लगाकर चाटूँ? इस गन्तव्य स्थान पर पहुँचने का मकसद क्या था, यही जब नहीं मालूम तो फिर मेरे पहुँचने का मतलब ही क्या हुआ, और नहीं तो मेरी वह रूमाल भी गायब हो गयी।

किसी से कहता हूँ तो वह हँसता है : तुम भी अजीब आदमी हो, ऐसे शान्त वातावरण में पहुँच गये, ईश्वर को धन्यवाद नहीं देते, शरद् ऋतु को साक्षात् प्रतिमा

1. रूमाल का स्त्रीलिंग में प्रयोग भोजपुरी होने के नाते क्षन्तव्य न हो तो 'रूमाल' की 'मस्ती के साथ जोड़ी मिलाने के ही नाते स्वीकार्य हो, यह लेखक की विनम्र प्रार्थना है।

महर्षि जाबालिक की स्निग्ध छाया में आकर भी तुम्हें चिन्तातप सता रहा है! यहाँ निर्भय होकर सहज विश्वासी मृग आँखें मूँदकर रोमन्थन कर रहे हैं, मृगी मृग के सींग से अपनी बायीं आँख खुजला रही है, बछड़े को दूध पिलाने के लिए गायें वन से लौटकर रँभा रही हैं, बछड़े पगहा तुड़ा रहे हैं, मुनि-कुमारियाँ दिवस के आलबाल-सिंचन से क्लान्त होकर अपनी सिंचित लताओं के साथ प्रबोध चन्द्रोदय बेला में अमृतपान कर रही हैं, मुनिकुमार शिवरूप गुरू के चरणों में वन्दना करके पूर्णकाम हो रह हैं, गुरु स्थितप्रज्ञ होकर आसन पर विराजमान हैं, उन्हीं की देखा-देखी आश्रम के तरुगण भी प्रकाश-स्नात होकर स्तिमित से खड़े हैं, वैसे ही असीमता के बोध में परिनिष्ठित और पास में बहने वाली कलस्विनी भी कान लगाकर आश्रम की सन्ध्या-मुखरित श्वास सुन रही है; और तुम हो कि उदास हो : हाय मेरी रूमाल, हाय मेरी रूमाल की गाँठ! मरी तुम्हारी रूमाल और उसकी गाँठ! ऐसे खफ्तुलहवास थे तो फिर तपोवन में क्यों आये, पार्क की चहल-पहल में ही पड़े रहते! दिन 'हरी घास पर क्षण भर' बना रह जाता, इस सन्ध्या की निभृत शान्ति-ठीक-ठीक कहा जाये तो—सूचीभेद्य शान्ति भंग करने क्यों आये!

क्या बताऊँ, मेरे दोस्त, आना बदा था इसलिए आया, रिक्शे का पैसा पहले ही दे चुका था इसलिए यहाँ आया, और चूँकि यहाँ आने के लिए मैंने पैसा दिया था इसलिए जरूर ही कोई मेरा जरूरी काम रहा होगा। अब क्या करूँ, वह काम तो काम गया, मेरी वह रूमाल भी खो गयी जिसने रास्ते में मुझे इतना त्राण दिया—दुर्गन्धि से, काँटे से और धूलि से। तुम्हारी नजर में वह रूमाल छोटी चीज होगी, पर दोस्त, तुम उसकी कद्र क्या जानो। तुम समझते हो श्वास-नली का मात्र परिमार्जन करने वाली रूमाल थी, या वक्तृता की एक विशेष अदा बनने के लिए बार-बार मुँह की शोभा बढ़ाने वाली रूमाल थी, या हाथ से खड़िया का चूरा घड़ने वाली रूमाल थी। मैं तुम्हें कैसे समझाऊँ कि वह रूमाल मलयज से सुवासित थी, मेरे जन्म-जन्मान्तर की सहेली ने बड़े जतन से उसे सुवासित किया था, केवल मलयज से ही नहीं बल्कि मलयज से भी अधिक शीतल और अधिक सुरभि वाले अपने वदनोच्छ्वास से, और फिर उसमें बहुत ही मीठे उलहने के साथ अत्यन्त कलापूर्ण ढंग से दिखा-दिखाकर एक गाँठ दी थी—विस्मरणशील, यह गाँठ दे रही हूँ, याद रखना! पर मैं हूँ कि रूमाल ही गँवा बैठा हूँ, बस इतना ही याद है कि यह रूमाल मेरी आदि शक्ति को सौंपी हुई थाती थी। यह रूमाल लटकी हुई रूमाल नहीं थी, उधार ली हुई भी नहीं थी, यहाँ तक कि पैसों के दाम खरीदी हुई भी नहीं थी; इस रूमाल की वक़त तुम्हारे जैसे लोग क्या करेंगे। तुम्हारी मस्ती की परिभाषा है आत्म-सन्तुष्टि, तुम्हारी रूमाल की आख्या है उपयोग। तुम

क्या जानोगे कि मस्ती जेब में रखने की चीज नहीं, हाथ में लेकर मुक्त पवन में लहराने की चीज है, यह तुम्हारे कलुष को पोंछने के लिए नहीं, तुम्हारे पुण्य के आमोद को परिपूरित करने के लिए है। तुम्हारे लेखे एक रूमाल गयी, बीसियों मिल जायेंगी—मद्रास में रुपये में एक दर्जन—पर यहाँ रूमाल के साथ चित्त की उज्जवलता की सारी संचित पूँजी चली गयी। माना कि इस तपोवन में उस पूँजी की कोई विशेष दरकार नहीं, उलटे इस उदासी के अखाड़े में शायद उसका रहना ही बड़ा उत्तेज़क साबित हो; पर मेरी नजर से भी जरा देखने की कोशिश करो, मैं तो उसके बिना बराबर इसी बेचैनी में रहूँगा कि आखिर मैं यहाँ क्यों आया, मेरी उस मस्ती का क्या प्रयोजन था? वह किस सिद्धि के लिए संकेत थी? उसके बिना तुम्हारी यह निश्चल शान्ति मेरे किस काम की? ठीक है, उस मस्ती के लिए मेरा विलाप तुम करुणा-विलासियों के मन बहलाव का साधन बन जाये, पर मैं जो साधनहीन-सा अपने को पा रहा हूँ, कहाँ जाऊँ?

मुझे पता है कि मेरे ऊपर तरस खाकर कुछ लोग उस खोयी हुई रूमाल का पता लगाने में मेरी मदद करना चाहेंगे, मैं उनके प्रति बड़ा आभारी हूँ, पर इसके साथ ही मैं यह भी जानता हूँ कि मुझसे उस रूमाल का ठीक-ठीक हुलिया भी जानना चाहेंगे और इसीलिए मैं और अधिक चिन्तित हूँ कि उस रूमाल का क्या हुलिया बतलाऊँ। देखने में उसमें अपनी कोई अलग विशेषता हो तब न? यहाँ तक कि वह धोबी के घर भी कभी नहीं गयी कि उस पर धोबी का नम्बर लगा हो। यही उसकी पहचान हो। काल-रजक के पाटे पर जाने की उसकी नौबत ही नहीं आयी।उजली है, बिलकुल बगलपंखी नहीं, हाथ में लगे-लगे कुछ उजलापन झँवा गया है। उसमें कोई हाशिया भी नहीं है, सीधी-सादी चौकोर है, चारों कोर भी अनसिले हैं। मामूली खादी का टुकड़ा है, नया है या कियी पुराने कपड़े का पुरावशेष है, ठीक-ठीक यह भी नहीं बता सकता; बेदाग है, इसकी भी गारण्टी नहीं दे सकता, चन्दन के चूर्ण का दाग तो है ही, उँगली के खून का भी दाग होगा; और भी दाग हो सकते हैं। वह मेरी है, इसकी पहचान सिर्फ एक है कि दूर से भी कोई उसे दिखाये या मेरी दोनों आँखें मूँदकर भी मेरी हथेली पर उसे रखे तो मैं उसे पहचान जाऊँगा।

वाह रे निराली मस्ती! मस्ती क्या हुई अहंकार की परासीमा हुई, ममता का परम संकोच हुई, और हुई व्यक्तिगत स्वार्थ का निकृष्टतम रूप?

तो भाई, इसका जवाब मेरे पास नहीं है, क्योंकि मेरी मस्ती में सारा संसार था; पर सारे संसार में मेरी जैसी मस्ती, कम-से-कम जानकारी में नहीं थी, मात्र इतना ही मेरा दावा था; पर अब वह भी नहीं है। कोई दूसरा वैसा दावेदार हो

तो सामने आये, अपनी रूमाल हिलाये, मैं सच-सच बतला दूँगा कि यह रूमाल वैसी है या नहीं। इतना मैं बता दूँ कि तुम रूमाल हिलाकर सुख के क्षण को विदा देते हो, मैं वह रूमाल हिलाकर विगत दुःख के क्षण को विदा देता था। आज उस रूमाल का गुम होना इसलिए भारी पड़ रहा है कि मामूली-सी दुःख का क्षण भी अब लरज जाता है तो लरज ही जाता है, उसको विदा करने का मेरे पास कोई साधन नहीं।

ललित निबन्धों के तगादगीर भला क्यों विश्वास करने लगे कि पानी तो है पर रूमाल नहीं जिसमें पानी रहता था, निबन्धकार तो है पर उसकी ललिता नहीं है जो स्वयं दूती का कार्य निष्पन्न किया करती थी। उनका तगादा जारी है, पर क्या करूँ—मेरी रूमाल खो गयी है यह कारण उनके गले के नीचे उतारूँ? ऐसी रूमाल काहे की किसी के पास होगी, होगी भी तो काहे को किसी से गायब हुई होगी और गायब हुई होगी तो काहे को काई तब भी मेरी तरह साहित्यिक के रूप में जी रहा होगा—

"कइअवरहिअं पेमां णत्थि ब्बिअ मामिमाणुसे लोए।
अह होइ कस्स विरही विरहे हीन्तम्मि को जीवइ।"

इस गाथा में यदि 'पमां' का व्यापक आर्थ 'रागात्मक आनन्दवृत्ति' ले लिया जाये तो इसमें मेरी मनोदशा का सही-सही अंकन है, क्योंकि मुझे लगता है कि विश्व की सुरभि समेटने वाली मेरी वह मस्ती की रूमाल कहीं खो गयी है और ऐसी बेला पर आकर उसके खोने का ज्ञान हुआ है जबकि उसकी सबसे अधिक आवश्यकता थी।

समझ में नहीं आता कि कोसूँ : अपने को; उस सहेली को जिसने रूमाल में ही अपने को अर्पित किया, इस कमबख्त रूमाल को, उस भाड़े के रिक्शेवाले को, रास्ते को, रास्ते में मिलने वाली लाश को, रास्ते में भटकाने वाले बगीचे को या इस मंजिल की तपोवनी मुरदादिली शान्ति को! बहरहाल रूमाल की खोज अभी जारी है। कभी-कभी ऐसा लगता है कि शायद वह खोजी नहीं है, कहीं विस्थापित हो गयी है; पर फिर जब मिलती नहीं है तो यही रह-रहकर खीज होती है कि विस्मृति भी कैसी मिली कि जहाँ उसे जाना चाहिए था वहाँ तो सोयी रही और जहाँ सो जाना चाहिए वहीं जगकर दुःख जगाती रहती है कि मेरी रूमाल खो गयी।

निर्मल वर्मा

निर्मल वर्मा का जन्म सन् 1929 ई. में हुआ। वह भारतीय मनीषा की उस उज्ज्वल परम्परा के प्रतीक पुरुष हैं, जिनके जीवन में कर्म, चिन्तन और आस्था के बीच कोई फाँक नहीं रह जाती। कला का मर्म जीवन का सत्य बन जाता है और आस्था की चुनौती जीवन की कसौटी। ऐसा मनीषी अपने होने की कीमत देता है और माँगता भी है। अपने जीवनकाल में गलत समझे जाना उसकी नियति है और उससे बेदाग उबर आना उसका पुरस्कार। निर्मल वर्मा के हिस्से में भी ये दोनों बखूबी आये।

स्वतन्त्र भारत की आरम्भिक आधी से अधिक सदी निर्मल वर्मा की लेखकीय उपस्थिति से गरिमांकित रही। वह उन थोड़े से रचनाकारों में थे जिन्होंने संवेदना की व्यक्तिगत स्पेस और उसके जागरूक वैचारिक हस्तक्षेप के बीच एक सुन्दर सन्तुलन का आदर्श प्रस्तुत किया। उनके रचनाकार का सबसे महत्त्वपूर्ण दशक, साठ का दशक, चेकोस्लोवाकिया के विदेश प्रवास में बीता। अपने लेखन में उन्होंने न केवल मनुष्य के दूसरे मनुष्यों के साथ सम्बन्धों की चीर-फाड़ की, वरन् उसकी सामाजिक, राजनीतिक भूमिका क्या हो, तेज़ी से बदलते जाते हमारे आधुनिक समय में एक प्राचीन संस्कृति के वाहक के रूप में उसके आदर्शों की पीठिका क्या हो, इन सब प्रश्नों का भी सामना किया।

अपने जीवन काल में निर्मल वर्मा साहित्य के लगभग सभी श्रेष्ठ सम्मानों से समादृत हुए, जिनमें साहित्य अकादेमी पुरस्कार (1985), ज्ञानपीठ पुरस्कार (1999), साहित्य अकादेमी महत्तर सदस्यता (2005) उल्लेखनीय हैं। भारत के राष्ट्रपति द्वारा तीसरा सर्वोच्च नागरिक सम्मान 'पद्मभूषण' उन्हें सन् 2002 में दिया गया। अक्तूबर 2005 में निधन के समय निर्मल वर्मा भारत सरकार द्वारा औपचारिक रूप से नोबेल पुरस्कार के लिए नामित थे।

इनका निधन सन् 2005 ई. में हुआ।

साहित्य में प्रासंगिकता का प्रश्न

•

निर्मल वर्मा

पिछले दिनों प्रेमचन्द की प्रासंगिकता पर जो धुआँधार बहस हुई है, उससे जो भी निष्कर्ष निकले, एक बात जो स्पष्ट होकर आयी है, वह यह है कि प्रेमचन्द प्रासंगिक हों या नहीं, स्वयं 'प्रासंगिकता' के बारे में हमारे यहाँ कोई स्पष्ट नहीं है। प्रेमचन्द अब पुराने पड़ गये हैं, प्रेमचन्द कभी पुराने नहीं पड़ सकते—इन दो चरम विरोधी मतों के पीछे मूल्यांकन के कोई अलग-अलग निकष नहीं दिखायी देते (यदि ऐसा होता तो बहस अधिक जीवन्त और मूल्यवान हो पाती)। खुले-छिपे शब्दों में मूल्यांकन की एक ही कसौटी मान ली गयी है—साहित्य की सामाजिक उपादेयता—और चूँकि इस शब्द 'उपादेयता' में कुछ पुराने फैशन की, 'कुत्सित समाजशास्त्रीयता' की गन्ध आती है, इसलिए उसे प्रयोग करने में हम थोड़ा-सा हिचकते हैं, उसके बदले 'प्रासंगिकता' या 'सार्थकता' जैसे आधुनिक शब्द इस्तेमाल करते हैं, किन्तु मूल्यांकन के पीछे आग्रह वही है, प्रेमचन्द क्या आज हमारे लिए 'उपयोगी' हैं? यदि हैं, तो वह प्रासंगिक हैं, नहीं हैं, तो नहीं। यह बात किसी को अजीब या आश्चर्यजनक नहीं लगती कि समूची बहस प्रेमचन्द के लेखन से हटकर साहित्य के प्रति हमारी सामाजिक धारणाओं पर आकर अटक गयी है।

यहाँ मेरी मंशा प्रेमचन्द की प्रासंगिकता पर बहस करने की नहीं है, उनके बहाने स्वयं 'प्रासंगिकता'—जैसे प्रश्न पर विचार करने की है। इसका बड़ा श्रेय भी शायद प्रेमचन्द को जाता है कि स्वयं उनके लेखन ने इस प्रश्न को इतना विवादास्पद बना दिया है, जो ऊपर से इतना सरल और सीधा जान पड़ता है। तुलसीदास या शेक्सपियर को हम आज भी इतना चाव से पढ़ते हैं, किन्तु उनके बारे में यह जिज्ञासा नहीं उठती कि वे आज भी क्यों हमारे लिए इतने प्रासंगिक हैं? प्रेमचन्द के बारे में तो हम यह कहकर छुट्टी पा सकते हैं

(जैसा एक विज्ञ आलोचक ने एक टेलीविजन-वार्ता में कहा था) कि वह आज भी हमारे लिए प्रासंगिक हैं, क्योंकि उनके समय की समस्याएँ कमोबेश वही हैं, जिनसे हम आज जूझ रहे हैं—हालाँकि इस पर विश्वास करना जरा कठिन है। क्या सचमुच ऐसा है कि हमारे समाज की स्थिति, किसान का अन्दरूनी अन्तर्द्वन्द्व, सामाजिक रिश्तों का स्वरूप यथावत् वैसा है, जैसा प्रेमचन्द के समय में था? किन्तु यदि एक क्षण के लिए हम इस अद्भुत धारणा को स्वीकार भी कर लें तो हमें एक दूसरे अद्भुत निष्कर्ष को भी स्वीकार करना होगा, कि यदि हमारे समाज की स्थिति बदल जाती है प्रेमचन्द के जमाने से थोड़ा भिन्न हो जाती, तो प्रेमचन्द हमारे लिए अप्रासंगिक हो जाते। शायद विज्ञ आलोचक इस निष्कर्ष को स्वीकार न करना चाहेंगे, किन्तु यदि वह प्रेमचन्द की प्रासंगिकता को समाज के बाहरी खूँटों से बाँधेंगे तो उनका तर्क उन्हें घसीटता हुआ इसी निष्कर्ष पर लाकर छोड़ेगा! इस तर्क की भयावह परिणति यह होगी कि आज हमारे लिए तुलसीदास, इंग्लैण्ड के लिए शेक्सपियर और सोवियत-समाज के लिए तॉल्स्तॉय अप्रासंगिक हो जाने चाहिए, क्योंकि जिन स्थितियों और 'समस्याओं' की अभिव्यक्ति उनके साहित्य में मिलती है, उनका हमारे युग की स्थितियों और समस्याओं से कोई लेना-देना नहीं।

यदि यह निष्कर्ष निगलना असम्भव जान पड़े, तो हमें अपना तर्क बदलना होगा। साहित्य में प्रासंगिकता की कसौटी बाह्य 'सामाजिक परिस्थितियों' में नहीं, कहीं अन्यत्र ढूँढ़नी होगी। यही नहीं, हमें आगे जाकर स्वयं कला में 'उपादेयता' या 'उपयोगिता' जैसे शब्दों को छोड़ना होगा, न छोड़ना चाहें तो उनका पुनःपरीक्षण करना होगा—इस प्रश्न का उत्तर देना होगा कि कैसे एक कलाकृति नितान्त विभिन्न सामाजिक व्यवस्थाओं, अलग-अलग युगों की प्रतिकूल नैतिकताओं और विश्वासों के बावजूद और उनके बीच अपनी प्रासंगिकता कायम रख पाती है। एक शब्द में कहें—तो हमें कम-से-कम कला के क्षेत्र में स्वयं 'प्रासंगिकता' के बारे में नये सिरे से सोचना होगा।

जरा ध्यान से देखें, तो हम पाएँगे कि 'प्रासंगिकता' शब्द से ही समय की गन्ध आती है। समय जो आज है, आज जो हम हैं, हम जो आज हैं—आप कुछ भी कह लें, कोई भी कलाकृति, चाहे वह कितनी भी पुरानी क्यों न हो, समय की अनन्त धारा में इस क्षण अटके हुए 'मैं' को कितना आलोकित कर पाती है, उसकी प्रासंगिकता इस कसौटी पर आँकी जाती है। दूसरे शब्दों में कहें, तो प्रासंगिकता के मूल में यह प्रश्न पूछा जाता है कि क्या कोई कलाकृति अपने में इतनी शक्ति, इतनी सामर्थ्य, इतनी

सर्वांगीण सम्पन्नता रखती है कि अपने समय की विशिष्ट परिस्थितियों से उठकर 'छलाँग लगाकर' हमारे समय तक पहुँच जाती है? समय बहता है। अतीत कहीं बहुत पीछे छूट गया है। इतिहास के इस सतत् प्रवहमान, सतत् परिवर्तनशील सन्दर्भ में एक कलाकृति आज मेरे लिए सिर्फ एक अर्थ में (दूसरा कोई अर्थ नहीं है) प्रासंगिक हो सकती है कि वह समूचे इतिहास की नोक पर एक बार फिर—अपनी पूरी तात्कालिकता, तन्मयता और तीव्रता के साथ मेरे आज के चेहरे को स्वयं मेरे लिए अपने भीतर जगाकर पूछ सके—मैं कौन हूँ? महर्षि रमण जो प्रश्न अपने साधकों से पूछते थे, वही प्रश्न एक प्रासंगिक कलाकृति हर युग के पाठक या श्रोता से स्वयं उसकी भाषा में पूछती है। वाल्मीकि का काव्य या एलोरा की मूर्तियाँ हमारी दुनिया को भेदती हैं, उनके साक्षात् से हम एक क्षण के लिए भूल जाते हैं, किन सामाजिक परिस्थितियों, किस ऐतिहासिक क्षण में उनका सृजन हुआ था; देश और काल की सीमाओं का उल्लंघन करते हुए हम अपने को एक ऐसी दुनिया में पाते हैं, जो आत्मलीन है, पूर्ण रूप से स्वायत्त है। वह हमें उद्वेलित करती है, किन्तु हमारे ऐतिहासिक पूर्वाग्रहों, मर्यादाओं, नैतिक विश्वासों द्वारा अनुशासित नहीं होती। कला की यह अद्‌भुत विडम्बना है कि विशिष्ट सामाजिक स्थिति में जन्म लेने पर भी, मनुष्य द्वारा सृजित होने के बावजूद वह मानवीय स्थिति की बन्दी या ऐतिहासिक सीमाओं की गुलाम बनकर नहीं रह सकती।

कला की इस रहस्यमय विडम्बना को कुरेदने का प्रयास अनेक आलोचकों ने किया है। उनमें से कुछ का यह विचार कि कला की शाश्वत् प्रकृति ही उसे हर समय और युग के लिए प्रासंगिक बनाती है, मुझे बहुत अविश्वसनीय और भ्रामक जान पड़ता है। यदि एक कलाकृति अपने में ऐतिहासिक समय का अतिक्रमण करती है, तो इसका मतलब यह नहीं कि वह समय की चिरन्तनता को—किसी अपरिवर्तनशील शाश्वत् सत्य को—उपलब्ध कर लेती है। सच पूछा जाये, तो कला में शाश्वत् कुछ भी नहीं होता, क्योंकि उसमें कुछ भी सम्पूर्ण रूप से अन्ति (फाइनल) नहीं होता। अन्तिम सम्पूर्णता का प्रतीक ईश्वर हो सकता है, कला नहीं। यह नहीं कि कोई पेंटिंग, कविता या कहानी अपनी संरचना (फॉर्म) में सम्पूर्ण नहीं होती, उसकी सम्पूर्णता ही हमें एक अनोखे किस्म की संकेन्द्रित तन्मयता देती है, जो हमें किसी अन्य स्रोत से प्राप्त नहीं होती। किन्तु इसका अभिप्राय यह नहीं कि उसने किसी अन्तिम सत्य, किसी समाधान को प्राप्त कर लिया है। कला में फॉर्म का सम्बन्ध मनुष्य के

सत्य से नहीं, कलाकार की आकांक्षा से जुड़ा रहता है। कोई कविता इसलिए समाप्त नहीं होती कि कवि ने सत्य उपलब्ध कर लिया है, बल्कि इसलिए कि उसने उसके भीतर अपनी आकांक्षा को समेट लिया है। शायद इसी अर्थ में वॉल्टर बेंजामिन ने लिखा था कि 'सत्य आकांक्षा की मृत्यु है', एक बार सत्य पा लेने के बाद कविता जीवित नहीं रहती, क्योंकि उसमें प्राण स्फुरित करने वाली आकांक्षा ही मुरझा जाती है। यह संयोग नहीं है कि जो लेखक अपनी रचनाओं में 'शाश्वत् सत्य' से कम कुछ भी स्थापित नहीं करना चाहते, वे अपनी रचनाओं की तात्कालिक प्रासंगिकता भी खो देते हैं।

अतः कला में यदि कोई चीज 'शाश्वत्' है, तो यही आकांक्षा—समय और व्यक्ति से बँधी हुई, अधूरी और अनिश्चित, इतिहास की गर्द और आत्मा की गर्दिश में लिपटी हुई—जो कलाकृति में अचानक एक सम्पूर्णता, एक अर्थ, एक्सटेसी का आलोक, एक निर्वैयक्तिक तटस्थता, एक समयहीनता प्राप्त कर लेती है। चूँकि कोई कलाकृति अपने सत्य में सम्पूर्ण नहीं है, इसलिए हर युग का मनुष्य उसके भीतर अपने सत्य की प्रासंगिकता खोज निकालता है। यह इसलिए कि इस धरती पर, समूचे सौरमंडल में मनुष्य सबसे ज्यादा अधूरा प्राणी है—इसलिए 'पूरा होने' की आकांक्षा उसके भीतर एक चिरन्तन जख्म की तरह खुली रहती है। पशुओं को जो ग्रेस प्रकृति के सान्निध्य से प्राप्त होता है और देवदूतों (एंजेल्स) को जो उज्ज्वलता ईश्वर के पास होने से मिलती है, मनुष्य इतना अभागा है कि दोनों से वंचित होकर वह एक अभिशप्त अलगाव में ठिठुरता रहता है। मनुष्य का लावारिस अलगाव और अधूरापन कोई आधुनिक, पश्चिम-बोध की देन नहीं है—वह मनुष्य के मनुष्यत्व के बीच एक कीड़े की तरह विद्यमान है, धरती पर उसके महज 'होने' के बोध से निहित है। उसकी समूची मिथक संरचना, धर्म-विधान, ईश्वर-कल्पना और—हमारे समय में सम्पूर्ण क्रान्ति का स्वप्न इसी अभिशप्त अनाथावस्था से छुटकारा पाने का गौरवपूर्ण, ट्रैजिक और बीहड़ प्रयास है। कला यदि इनसे अलग है, तो इसलिए नहीं कि वह इस अधूरेपन के पास से मुक्ति पाने का स्वप्न नहीं देखती—यह स्वप्न और आकांक्षा ही तो उसकी सतत् प्रासंगिकता के केन्द्र में है—फर्क केवल इतना है (और यह बुनियादी अन्तर है)—कि यह स्वप्न कहीं बाहर और परे न होकर स्वयं उसकी सृष्टि, उसके फॉर्म, उसकी संरचना में सन्निहित है। वह चाहे हजार पृष्ठों का एपिक हो, या चार पंक्तियों की कविता—वह अपने भीतर अर्थ के जिस स्पेस को घेरती है, उसी में हम अपने अधूरेपन का अतिक्रमण कर लेते हैं। उसके भीतर ही—शब्दों के विशिष्ट तन्तु

जाल में वह गरमाई है, जहाँ पहुँचते ही हम एक क्षण के लिए अकेलेपन की ठिठुरन से छुटकारा पा जाते हैं।

कला की यह द्विविधात्मक प्रकृति—किसी शाश्वत् सत्य को न अभिव्यक्त करते हुए भी अपने में सम्पूर्ण आत्मलीन और स्वयंसिद्ध होना—बहुत महत्त्वपूर्ण है। वह सम्पूर्ण है, किन्तु चारों तरफ से खुली हुई है, किसी अन्तिम सत्य के ताले में बन्द नहीं है, यह एक ऐसी चीज है, जो कला को इतनी शक्ति देती है कि वह हर तानाशाही आइडियोलॉजी को चुनौती दे सके। आइडियोलॉजी से आक्रान्त जिस युग में हम रहते हैं—वहाँ हमेशा यह कोशिश की जाती है कि सत्य को किसी मत, किसी वाद, किसी झूठे-सच्चे आदर्श, किसी युटोपिया की मरीचिका से नत्थी किया जा सके। इसके विपरीत कला अपने असीम खुलेपन के द्वारा हर आइडियोलॉजी के बने-बनाए 'सत्य' को खटखटाती है, हमें बाध्य करती है कि हम ऐतिहासिक भ्रमों की कुहेलिका से मुक्त होकर अपनी स्थिति को अतीत और आज और भविष्य के समूचे प्रवाह के भीतर आँक सकें। 'ईलियड' और 'महाभारत' में हम मनुष्य की नियति को—उचित और अनुचित, धर्म और अधर्म, सम्भव और असम्भव को—इसी अनन्त प्रवाह में देख पाते हैं। किन्तु इस प्रकार की झलक अलग-अलग रूपों में हमें क्या सभी महत्त्वपूर्ण कलाकृतियों में नहीं दिख जाती? 'महाभारत' पढ़ते हुए हम यह निर्णय नहीं कर पाते कि सत्य युधिष्ठिर के पास है या कर्ण के पास—क्योंकि यह महत्त्वपूर्ण नहीं है कि सत्य किसके पास है! महत्त्वपूर्ण वह समूची बहस है जो 'महाभारत' के भीतर बहती हुई हमें एक ऐसे चमकदार बिन्दु पर पहुँचा देती है, जहाँ सत्य और असत्य, धर्म और अधर्म का निर्णय स्वयं हमारे सार्थक जीने की अनिवार्य शर्त बन जाता है; चूँकि 'महाभारत' कोई शाश्वत् सत्य निर्धारित नहीं करता, इसलिए हर युग के लिए वह शाश्वत् रूप से एक प्रासंगिक जिज्ञासा का स्रोत बन जाता है। यही एक कलाकृति की प्रासंगिकता की सबसे कठोर परीक्षा और सबसे विश्वनीय कसौटी है कि वह हमें इतिहास के सतत् प्रवाह से एक क्षण के लिए बाहर ले आती है ताकि हम स्वयं अपने को उसमें बहता हुआ देख सकें। एक योगी की तरह नहीं, जो धारा को असम्पृक्त भाव से देखता है, एक मार्क्सवादी चिन्तक की तरह नहीं, जो मनुष्य को धारा के भीतर ही डुबो देता है—बल्कि एक ऐसी अन्तर्दृष्टि, जिसमें मनुष्य एक साथ ही धारा का द्रष्टा भी है और उसका अंग भी—जहाँ वह समय के सतत् प्रवाह के भीतर स्वयं अपनी जीवनधारा की दिशा, गहराई, उथलापन—दो शब्दों में कहें—अपनी माया और यथार्थ की चीन्हने की रौशनी पा लेता है।

कैसी रौशनी है यह जो एक कलाकृति से बाहर आती है? वह कोई सुख की रौशनी नहीं है, न सत्य की, न हमारी शंकाओं के उत्तर की। रेम्ब्रां के चित्र में एक बूढ़ी औरत कोई जवाब नहीं है, बुढ़ापे के दुःख का—किन्तु बुढ़ापे की एक-एक झुर्री (जो सिर्फ रंग की रौशनी में है, कैनवास पर चिपकी हुई) हमारी—दर्शक की—गुजरती हुई जिन्दगी पर कील ठोंक जाती है, प्रश्न-चिह्न की कील—और उसके दबाव तले जब हम गैलरी या म्यूजियम से बाहर निकलते हैं, तब हर मनुष्य के चेहरे को एक दूसरी निगाह से देखने लगते हैं, एक ऐसी निगाह, जिसमें हमारा अनुभव रेम्ब्रां के रंगों से जुड़ गया है, जिसमें बुढ़ापे का सत्य छिपा है, जो स्वयं मेरे सांसारिक यथार्थ को शंकालु, स्तब्ध, सन्दिग्ध बना देता है। प्रासंगिक कलाकृति वह नहीं होती है, जिसमें हर समय और स्थान में जीवित लोगों के लिए शाश्वत् उत्तर या सत्य होते हैं, बल्कि, वह जो हर युग में बने-बनाए सत्यों और उत्तरों के पैटर्न को बिगाड़ देती है, भंग कर देती है, हर विश्वास को शंकालु बना देती है ताकि हम एक बार फिर अपने समय के द्वन्द्वों, शंकाओं और पीड़ाओं का नया अर्थ खोज सकें। तॉल्स्तॉय के उपन्यास 'अन्ना कैरेनिना' में एक स्त्री अपने पति से विश्वासघात करती है, अपनी घर-गृहस्थी, मान-मर्यादा—यहाँ तक कि अपने बच्चे के स्नेह को ठुकराकर अपने प्रेमी के साथ भाग जाती है—फिर स्वयं प्रेम से भी हताश हो जाती है और कोई रास्ता न पाकर आत्महत्या कर लेती है। समाज की हर नैतिक कसौटी, परम्परागत मर्यादा के हर मापदण्ड पर वह स्त्री व्यभिचारिणी नहीं—तो क्रूर, स्वार्थी और पुंश्चली मानी जायेगी, किन्तु उपन्यास में तॉल्स्तॉय हमारे समस्त नैतिक विश्वासों को खोखला, पंगु और पाखण्डी बना देते हैं। उपन्यास पढ़ने के बाद कटघरे में अन्ना कैरेनिना नहीं, हम अपने को खड़ा पाते हैं, जहाँ प्रेम और विवाह और मानवीय रिश्तों की पवित्रता के सम्बन्ध में हमें अपने जड़ित विश्वासों को तोड़कर एकदम नये सिरे से सोचने के लिए विवश होना पड़ता है—यह उपन्यास यदि आज भी हमारे लिए घोर प्रासंगिक है तो इसलिए कि नैतिकता और सत्य और प्रेम के प्रश्न आज भी उतने ही खुले और सन्दिग्ध हैं, जितना कभी पहले थे।

रेम्ब्रां के चित्र? तॉल्स्तॉय का उपन्यास? मुझे डर है, इन विदेशी नामों को सुनते ही आपकी भौंहें कुछ तिरछी होंगी। मुझ पर इतनी बार 'विदेशीपन' का आरोप लगाया गया है कि इस बार जान-बूझकर मैं इन विदेशी कलाकारों का उल्लेख करने का जोखिम उठा रहा हूँ। कैसे एक डच कलाकार और रूसी लेखक अपने समय की समूची परिस्थितियों, परम्पराओं, संस्कारों को लाँघकर

आज मेरे लिए—बीसवीं शती में रहनेवाले एक भारतीय के लिए—प्रासंगिक हो सकते हैं, हम इस प्रश्न से मुँह नहीं मोड़ सकते। अब आप शायद समझ गये होंगे, क्यों मैंने इन दो विदेशी कलाकारों का उदाहरण देना जरूरी समझा। इसका एक उत्तर हमेशा से यह दिया जाता रहा है कि महान् कला सार्वभौमिक होती है, हर देश और समाज की सीमाओं से परे और ऊपर। मुझे यह उत्तर उतना ही असन्तोषजनक लगता है, जितना कला में शाश्वत् ढूँढ़ना। क्रान्ति के फॉर्मूले, मानव-मुक्ति के आदर्श, आध्यात्मिक शान्ति और सत्य पाने के सूत्र सार्वभौमिक हो सकते हैं, होते भी हैं, उनमें एक कालातीत सत्य होता है, जिसके कारण बुद्ध और ईसा और ताओ का सन्देश आज भी हमें इतना महत्त्वपूर्ण और मर्मस्पर्शी जान पड़ता है। किन्तु कला? एक कलाकृति का जादू और मर्म और रहस्य उसके सार्वभौमिक सन्देश में नहीं, उसकी नितान्त निजी, विशिष्ट बुनावट में निहित होता है, जिसमें भाषा, रंग और ध्वनियों के रेशे एक सर्वथा मौलिक, अद्वितीय सृष्टि की रचना करते हैं—और इस विशिष्ट रचना के भीतर ही एक कविता या चित्र अपना अनूठा सत्य सम्प्रेषित करते हैं। यह सत्य सार्वभौमिक नहीं है—किन्तु हर पीढ़ी का व्यक्ति इस रचना के भीतर अपने प्रासंगिक सत्य को ढूँढ़ निकालता है। कला के सत्य, और एक सामाजिक या दार्शनकि सन्देश में यह मूलभूत अन्तर है—सन्देश दूसरों की भाषा में दिया जाता है, कला के सत्य को सिर्फ कलाकृति की भाषा के भीतर ही ग्रहण किया जा सकता है, उसके बाहर नहीं। 'अन्ना कैरेनिना' जैसा उपन्यास रूस की विशिष्ट, सर्वथा जातीय परिस्थिति से तो जुड़ा ही है, किन्तु जिस भाषा में वह लिखा गया, उसके संस्कार लेखक की अन्तर्दृष्टि को एक स्वायत्त किस्म का अनूठापन देते हैं, जो किसी अन्य परिस्थिति, अन्य भाषा, अन्य भूखण्ड पर असम्भव हो जाता है। उपन्यास से कहीं अधिक कविता में भाषा दखल देती है, जहाँ कविता का अर्थ स्वयं शब्दों की विशिष्ट संरचना में साँस लेता है।

इस बिन्दु पर हम कला की प्रासंगिकता के सबसे पेचीदा, विडम्बनापूर्ण केन्द्र में पहुँच गये हैं। यदि एक कलाकृति का सत्य सिर्फ उसकी विशिष्ट रचना में है—यदि उसकी प्राणवत्ता उसके अनूठे वैशिष्ट्य में साँस लेती है, भाषा और जातीय स्मृतियों की धरती से अपना रूप और स्वभाव ग्रहण करती है, जो कैसे वह अलग समय में, एक विदेशी समाज में, परायी संस्कृति की अजनबी स्मृतियों में प्रवेश कर पाती है? प्रवेश ही नहीं करती, बल्कि एक विराट् रहस्योद्‌घाटन (रेविलेशन)-सा करता जान पड़ती है—एक ऐसे प्रामाणिक

स्तर पर—जहाँ हमें पराये विदेशी लेखक कभी-कभी अपने जातीय, भाषा के लेखकों से कहीं ज्यादा प्रासंगिक और मूल्यवान जान पड़ने लगते हैं?

मेरी समझ में इसका एक ही उत्तर है—और वह कला की शाश्वत्ता या सार्वभौमिकता में नहीं—बल्कि मनुष्य की गहनतम अन्तर्चेतना के मूलभूत ढाँचे में है—जहाँ मनुष्य का समग्र अस्तित्व वास करता है। कला की अभिव्यक्ति चाहे किसी भी भाषा, रूप या जातीय स्मृति के बिम्बों में हो, वह हमेशा हमें 'अपने होने की स्थिति से साक्षात् कराती है'—और 'होने' की यह स्थिति हर समय, हर जगह एक जैसी है, जहाँ कहीं इस धरती पर मनुष्य जीवित है। यही कारण है कि आज भी हम प्रागैतिहासिक मनुष्य द्वारा रचे गये गुहा-चित्रों से इतना प्रभावित होते हैं, उन्हें अपने भीतर इतना प्रासंगिक मानते हैं, यद्यपि उस गुहा-मनुष्य की भौतिक, सामाजिक अवस्था से हमारा कहीं मेल नहीं बैठता।

दूसरी तरफ अपनी भाषा में ही रची गयी एक समकालीन रचना हमें नितान्त सूखी और खाली लग सकती है—अखबार की एक रिपोर्ट की तरह नयी—जो कल बासी पड़ जायेगी। अन्ततः कला में प्रासंगिकता की समस्या ऐतिहासिक समय पर निर्भर नहीं करती, वह उन प्रश्नों से सम्बन्ध रखती है, जो समाज, संस्कृति, इतिहास और परम्परा से जुड़कर भी कहीं सतह के नीचे समूचे मनुष्य की नियति को छूते हैं, जिन्हें न विज्ञान विश्लेषित कर सकता है, न कोई राजनीतिक सिद्धान्त अपने में समेट सकता है, क्या पाप है और क्या पवित्र, नैतिक और अनैतिक के बीच विभाजन-रेखा, हम क्या हैं और हमें क्या होना चाहिए, सुन्दर और असुन्दर—और सबसे बड़ा प्रश्न—प्रकृति और शून्य के बीच मनुष्य का अकेलापन, जिसे 'ईश्वर' की कल्पना भी दूर नहीं कर सकती, क्योंकि इस धरती पर मनुष्य ही ऐसा जीव है जो अपनी मृत्यु की अनिवार्यता से अवगत है।

ये प्रश्न महज 'दार्शनिक प्रश्न' कहकर नहीं टाले जा सकते, वे मनुष्य की उन बुनियादी, अन्तरतम अनुभूतियों के ढाँचे में गुँथे हैं, जो मनुष्य को दुनिया के समस्त प्राणियों से अलग करती हैं। जिस अँधेरे अनुभव से 'भाषा' जन्म लेती है, उसी स्रोत से इन प्रश्नों का जन्म होता है। यह नहीं, पहले भाषा जन्म लेती है—और फिर उस भाषा में इन प्रश्नों को पूछा जाता है—बल्कि भाषा का जन्म ही प्रश्नों की इस प्रसव-पीड़ा के द्वारा होता है और स्वयं ये प्रश्न मनुष्य की भाषा में ही रूपायित हो सकते हैं। एक कलाकृति सिर्फ मनुष्य की भाषा का सघन, एकात्म, सकेन्द्रित 'इशारा' है, वह चाहे दुनिया के

किसी कोने से उठता हो, यदि वह हमारे इस ढाँचे में हलचल उत्पन्न करता है, तो वह हमारे लिए तुरन्त और तात्कालिक रूप में प्रासंगिक हो जाता है। यदि मनुष्य से अधुनातन मनुष्य के भीतर प्रश्नों की जो ठण्डी, बर्फीली झील जमी रहती है, एक कलाकृति कुदाली की तरह इस पथराई, बर्फ को खोदकर नीचे दबी चेतना को पुनःप्रवाहित करने लगती है। हम न केवल इस प्रवाह को अपने भीतर महसूस करते हैं, बल्कि उस कविता, उपन्यास या चित्र के माध्यम से स्वयं वह प्रवाह बन जाते हैं, जो स्वयं कलाकृति की सत्ता में मौजूद है। फॉकनर ने एक बार कहा था कि एक महान उपन्यास बहते हुए समय को अपने पृष्ठों पर रोक लेता है और जब पचास-साठ साल बाद हम उस उपन्यास को पढ़ते हैं, तब रुका हुआ समय फिर बहने लगता है।

इससे हम एक अद्‌भुत निष्कर्ष पर पहुँचते हैं : एक कलाकृति अपने में आत्मलीन, स्वायत्त इकाई होने पर भी कोई स्थिर या ठहरी हुई सत्ता नहीं है—समय के चौखटों में बन्द नहीं है। वह हर पीढ़ी की आँखों में, यहाँ तक कि एक ही पीढ़ी के अलग-अलग व्यक्तियों के लिए अपना अर्थ बदलती रहती है। हम किसी कलाकृति में क्या और कितना कुछ पाते हैं, यह उस कलाकृति की सर्वांगीण अर्थवत्ता पर तो निर्भर करता ही है, किन्तु इस बात पर भी निर्भर करता है कि हर पीढ़ी का मनुष्य कितना और कैसा अनुभव लेकर उस कलाकृति के पास जाता है? हैमलेट की जो छवि एलिजाबेथ-युग के नाटक-दर्शकों के लिए थी, क्या वही छवि आज हमारे भीतर है? नाटक वही है, किन्तु उनकी प्रासंगिकता के स्थल और कोण बिल्कुल बदल गये हैं। अर्जुन के संशय एक समय में केवल उसके 'मोहग्रस्त अज्ञान' को दर्शाते थे, किन्तु आज वही संशय आधुनिक मनुष्य के संकट का केन्द्रबिन्दु बन गये हैं। स्वयं कृष्ण के वचन हमारे लिए—आस्था और आस्तिकता से ऊपर उठकर—एक ऐसे नैतिक दायित्व का बोध कराते हैं, जिसे गांधीजी ने अपने ढंग से भारतीय स्थिति के सन्दर्भ में एक सर्वथा अनूठे अर्थ में विश्लेषित किया था, जिसके प्रति शायद पिछले युग का कोई भी भारतीय मनीषी सचेत नहीं था। शब्द वही हैं, उपदेश वही हैं, कृष्ण और अर्जुन भी वही हैं, सिर्फ वह 'कुरुक्षेत्र' बदल गया है, जिसमें आज हम सत्य और असत्य, धर्म और अधर्म के बीच संघर्ष कर रहे हैं—और उसके बदलने मात्र से स्वयं 'महाभारत'—जैसी कलाकृति से हमारा सम्बन्ध एक सर्वथा नूतन धरातल पर पुनर्जीवित हो गया है। हम यह कह सकते हैं कि 'महाभारत' का काव्य हमारे लिए बदल गया है, किन्तु हम यह भी कह सकते हैं कि काव्य नहीं बदला है, बल्कि उसमें एक ऐसे समूचे मनुष्य की मूल

(आर्कीटाइप) छवि है, जिसमें हर युग का प्राणी अपने अनुभव के दबाव-तले प्रासंगिक अर्थ खोज निकालता है—और ये दोनों ही बातें सच हैं।

मैंने ऊपर 'समूचे मनुष्य' की बात कही है। कौन है यह समूचा मनुष्य? मेरे विचार में समूचा मनुष्य स्वाधीन मनुष्य है। या यों कहें, स्वाधीन मनुष्य ही समूचा बनने का स्वप्न देख सकता है। यह स्वप्न वही आकांक्षा है, पूरा बनने की आकांक्षा, जो हर कलाकृति के मूल में वास करती है, विधाता ने मनुष्य को अधूरा अवश्य बनाया है, किन्तु मुआवजे में उसे एक ऐसी चीज दी है, जो न पशुओं को प्राप्त है, न देवदूतों को—स्वाधीनता का दुर्लभ वरदान—जिसका सबसे ठोस और साकार रूप हमें कला में मिलता है। आज यदि कला सबसे अधिक प्रासंगिक हो गयी है तो इसलिए कि पहले किसी युग में मनुष्य की स्वतन्त्रता इतने गहन संकट में नहीं पड़ी थी। आज मनुष्य न केवल प्रकृति और ईश्वर से विलगित हो गया है (और यहाँ मैं 'ईश्वर' का अर्थ व्यापक अर्थ में, दैवी पवित्रता के अर्थ में ले रहा हूँ, संकीर्ण आस्तिक या नास्तिक अर्थों में नहीं) बल्कि स्वयं अपने निजी वैशिष्ट्य से—जिसमें उसकी देह और आत्मा, दोनों शामिल हैं—निर्वासित हो गया है। यह आकस्मिक नहीं है कि आधुनिक कला की अधिकांश रचनाएँ आज हमें सम्पूर्णता या कृतज्ञता का बोध नहीं करा पातीं क्योंकि कला ने अपनी स्वतन्त्रता का गरिमामय वरदान भूलकर अपने को समय के फॉर्मूलों, मन्त्रों और फैशनों (जिसमें आइडियोलॉजी का फैशन सबसे आकर्षक और घातक है) में बाँध लिया है! यदि निर्वासित मनुष्य की कला स्वयं अपनी स्वतन्त्र मेधा से निर्वासित हो गयी हो, तो वह मनुष्य को अपनी स्वाधीनता से कैसे अवगत करा पाएगी? यह नहीं कि कला से हमें प्रकाश ही प्राप्त हो, किन्तु हम अपने अँधेरे से परिचित हो सकें—यह वही कलाकृति कर सकती है जो स्वयं प्रकाश और अँधेरे के बीच मँडराती छलनाओं से परिचित हो। इसलिए यह कहना कि एक ऐसे समाज में—जहाँ मनुष्य गरीबी और भूख और अन्याय से पीड़ित हो—कला सिर्फ भोग-विलास की वस्तु है, अप्रासंगिक है—वह न मनुष्य की भूख और पीड़ा को समझना है, बल्कि कला के मौलिक धर्म को भी अनेदखा कर देना है। कला बार-बार मनुष्य को उसके बाहरी बन्धनों, ऐतिहासिक छलनाओं और स्वयं उसकी अन्दरूनी भ्रान्तियों से मुक्त करवा के उसे वर्तमान में ले आती है—शाश्वत् वर्तमान की क्रूर, किन्तु शान्त रौशनी में, उसके समूचे नंगे अस्तित्व की ओर—और यह कलाकृति को किसी भी समाज-व्यवस्था में प्रासंगिक बनाने की सबसे प्रमुख और अनिवार्य शर्त है।

❑❑